The Routledge Interme
Hindi Reader

The Routledge Intermediate Hindi Reader has been specially designed for intermediate and advanced learners of Hindi and comprises a broad selection of graded readings.

The materials have been carefully selected to ensure that students receive exposure to a wide variety of authentic Hindi texts, including news and magazine articles, extracts from social media websites, film dialogues and contemporary Hindi literature.

Each reading is fully supported by:

- pre-reading activities
- notes on cultural references in the text
- a vocabulary list with English translations
- notes on key grammatical points arising from the text
- text-related comprehension questions and vocabulary-based exercises
- suggestions for writing and discussion activities based on the text
- a key to comprehension questions and vocabulary-based exercises
- online support which includes audio recordings and translations of texts, available at www.routledge.com/books/details/9780415601764.

Suitable for both class use and independent study, *The Routledge Intermediate Hindi Reader* is an essential tool for increasing language proficiency and enriching learners' cultural knowledge.

Naresh Sharma is Senior Lector in Hindi and Urdu at the School of Oriental and African Studies in London.

Tej K. Bhatia is Professor of Linguistics and Director of South Asian Languages at Syracuse University, USA.

Routledge Modern Language Readers

SERIES EDITOR: Itesh Sachdev
School of Oriental and African Studies, University of London

Routledge Modern Language Readers provide the intermediate language learner with a selection of readings which give a broad representation of modern writing in the target language.

Each reader contains approximately 20 readings graded in order of difficulty to allow the learner to grow with the book and to acquire the necessary skills to continue reading independently.

Suitable for both class use and independent study, *Routledge Modern Language Readers* are an essential tool for increasing language proficiency and reading comprehension skills.

Available:

Chinese
Dutch
Hindi
Polish
Turkish
Welsh

Forthcoming:

Arabic
Brazilian Portuguese
Japanese
Korean
Russian
Yiddish

The Routledge Intermediate Hindi Reader

Naresh Sharma and Tej K. Bhatia

LONDON AND NEW YORK

First published 2014
by Routledge
2 Park Square, Milton Park, Abingdon, Oxon OX14 4RN

and by Routledge
711 Third Avenue, New York, NY 10017

Routledge is an imprint of the Taylor & Francis Group, an informa business

British Library Cataloguing in Publication Data
A catalogue record for this book is available from the British Library

Library of Congress Cataloging in Publication Data
Sharma, Naresh.
The Routledge intermediate Hindi reader / Naresh Sharma, Tej K. Bhatia.
pages cm.
Includes bibliographical references and index.
1. Hindi language–Readers. 2. Hindi language–Textbooks for foreign speakers–English.
I. Bhatia, Tej K. II. Title. III. Title: Intermediate Hindi reader.
PK1935.S484 2012
491.4′386421–dc23

2013021014

ISBN: 978-0-415-60175-7 (hbk)
ISBN: 978-0-415-60176-4 (pbk)
ISBN: 978-1-315-86715-1 (ebk)

Typeset in Scala
by Graphicraft Limited, Hong Kong

Contents

Acknowledgements

The authors are indebted to Professor Itesh Sachdev, Editor, Routledge Modern Language Readers Series, for commissioning this book, and to Samantha Vale Noya, Associate Editor, for her commendable patience and encouragement. They are also grateful to all the contributors of articles and images for permission to use their work, and to Rupert Snell and the anonymous reviewers for their constructive and insightful input.

Naresh Sharma: Many people have played a part in the evolution of this book. I would like to thank my colleagues, Rakesh Nautiyal for his support and valuable comments, and Francesca Orsini for her encouragement. I also owe a particular debt of gratitude to Sylviane Decroliere, Pallavee Kumar, Noriko Iwasaki, Shital Pravinchandra, my brother Vijay Sharma, my students from the Readings in Contemporary Hindi class, and above all to John McInnes, who have all helped in different ways in the completion of this book. I would like to thank my parents for their love and support, and my nephew Krishn and my daughter Teya who are both an inspiration to me. Finally, I would like to dedicate this book to my late grandmother, Dayawanti, and Saroj Bhuaji.

Tej K. Bhatia: I am grateful to my teachers and colleagues, Yamuna and Braj Kachru, Rajeshwari Pandharipande, James W. Gair, Hans Hock, Meena and S. N. Sridhar, Rakesh Bhatt, William C. Ritchie and Mangat R. Bhardwaj, for their valuable discussions on matters of Hindi teaching and linguistics. I owe a special gratitude to my wife, Shobha, for her encouragement and support, and to Krish, Kevin, Kanika, and my son, Ankit, who first inspired me to write books on Hindi. No words can express my deepest appreciation to my brothers in India for their constant support during my entire career. My heartfelt thanks are also due to the Dean, College of Arts and Sciences, George M. Langford, and Senior Associate Dean, Dr Gerold Greenberg, for the support of this work.

The authors would appreciate any comments or suggestions that will help them to improve the materials in this book further. These can be sent to:

Naresh Sharma: n.sharma@soas.ac.uk
Tej K. Bhatia: tkbhatia@syr.edu

Credits

The authors and publishers would like to thank the following copyright holders for permission to reproduce the following materials:

- BBC Hindi Service for the items in Chapters 2, 3 and 13.
- Akhilesh Jha for his permission to use the text from *Mithilā: lok saṃskṛti evaṁ lokkathāeṁ*, Remadhav Publications (2007), used in Chapter 4.
- Krishn Rai Sharma for the illustration used in Chapter 4.
- Indiatimes.com for the items from *Navbharat Times* in Chapters 5, 8 and 12.
- Rati Agnihotri for her permission for the item in Chapter 6.
- *Kadambini* magazine for their permission for the article in Chapter 7.
- Ashwani Chopra for his permission for the photographs in Chapter 7.
- Radio Russia Hindi Service for their permission for the item in Chapter 8.
- Excel Entertainment for the dialogue in Chapter 9.
- Rajkamal Prakashan for their permission for the items in Chapters 10, 17 and 20.
- Ritu Bhanot for her permission for the item in Chapter 11.
- Viral Bhayani for his permission for the photographs in Chapter 12.
- *Amar Ujala* for their permission for the item in Chapter 14.
- Vani Prakashan for the item in Chapter 15.
- Mrs Priyanka Gandhi Vadra for her permission to use the text that appears in Chapter 16.
- *Sarita* magazine for their permission to use the article and photographs in Chapter 18.
- Niyogi Books and Nasreen Munni Kabir for their permission for the dialogue in Chapter 19.

Introduction

The Routledge Intermediate Hindi Reader has been designed to introduce readers to a wide variety of authentic Hindi texts which will facilitate their comprehension of Hindi, develop their linguistic skills, and expose them to a broad range of cultural contexts. The book presupposes a good grasp of the vocabulary and the grammatical rules of Hindi equivalent to what may be acquired in a first year university course, or approximately 90–100 hours of instruction, using a course text such as *Colloquial Hindi* (Routledge) or *Complete Hindi* (McGraw-Hill).

The main body of the book includes 20 reading units. The texts have been selected in order to give a broad representation of contemporary Hindi writing, introducing readers to a range of topics and styles. All but two (Chapters 1 and 9) of the texts have been selected from published works. We have attempted to arrange the texts in order of difficulty based on factors that consider the length of the text, range of vocabulary, complexity of grammar and syntax, use of idiom, and level of difficulty of activities that accompany the text. Feedback from students who have read the texts has also been taken into account in arranging the order. However, we are aware that subjective factors such as levels of familiarity and background knowledge of a topic play an important role in what makes a text easy or difficult to read, and therefore there may be occasions where a text in a later chapter appears to be easier than an earlier item.

When reading in our native language we may not be aware that we make predictions about the content of a text before we read it based on the title or format or our background knowledge of the subject matter. Sometimes we skim read part of a text before deciding whether to read it all. Bearing in mind these factors, each text in this book is preceded by pre-reading activities designed to help the reader by activating their background knowledge of the text, and to help develop reading strategies in Hindi.

Each text is accompanied by a detailed glossary and, where required, an explanation of idioms and expressions is provided. Words are glossed based on the meaning of the word in the particular context of the text. Words that re-appear in subsequent chapters are only glossed again if they have a different meaning in that context. There may be occasions where readers encounter an unfamiliar word that has not been glossed. We do not discourage use of a dictionary, and indeed have provided notes on dictionary use, but we would encourage readers to guess the meaning of the word based on the context before confirming with a dictionary. A suggested dictionary is the *Oxford Hindi–English Dictionary* (Oxford University Press).

A full alphabetical glossary of glossed words from all chapters is provided at the back of the book for easy reference.

Brief explanations of some of the salient grammatical points that arise in the texts are provided in every chapter, illustrated by sample sentences taken from the text. Translations of the sample sentences where given are quite literal therefore they may come across as slightly stilted at times. The grammar explanations are there as an aid to draw attention to the grammar point, and they are by no means an attempt to replace thorough grammatical explanations that might be found in a grammar text book. Indeed it is recommended that students should have access to a grammar text book to use in conjunction with this reader. Suggested resources for grammar include *Hindi, An Essential Grammar* (Routledge) and *Outline of Hindi Grammar* (Oxford University Press).

Each text is followed by a range of activities designed to further consolidate and develop readers' skills in the following areas:

- Skimming: quickly reading part of a text or an entire text for general meaning and content
- Scanning: reviewing headings, captions, or other parts of the text to gather detail
- Use of word formation to ascertain meaning: becoming aware of how prefixes and suffixes and other forms can indicate the meaning of words.

In addition we have provided suggestions for further post-reading tasks which include activities aimed at integrating reading with speaking and writing skills. We hope that teachers who use this book with students will devise further exercises based on the needs of their students.

System of transliteration

Transliteration where used follows R.S. McGregor in the *Oxford Hindi-English Dictionary* (Oxford University Press). Proper nouns and common Anglicisations are given without diacritics. Titles of films or publications are presented as the producers or publishers/authors themselves transliterate them.

Hindi punctuation and other symbols

In Devanagari the full-stop or period is the *pūrṇa virām*, the straight vertical line (।), although it is common to see the English full stop or period in digital and print media (as illustrated in Chapters 3, 6, 9, 13 and 19). Other punctuation marks are the same as in English, though abbreviations might use a small circle, for example यू० पी० (U.P.).

The Devanagari spellings of words that contain the English 'o' vowel sound sometimes uses the *candra* symbol above the vowel, for example, डॉट कॉम (dot com).

Perso-Arabic loanwords

The sounds represented by the Perso-Arabic loans क़, ख़ and ग़ are pronounced by Urdu speakers, but in spoken Hindi these sounds do not occur amongst the majority of speakers. Loanwords containing these sounds therefore frequently appear written with the subscript dot omitted. Where loanwords containing these sounds are glossed they appear in the glossaries with the subscript dot in place.

List of abbreviations

The following abbreviations are used throughout this book:

m.	masculine noun
f.	feminine noun
pn.	proper noun
pro.	pronoun
pl.	plural
adj.	adjective
inv.	invariable adjective
adv.	adverb
vt.	transitive verb
vi.	intransitive verb
caus.	causative verb
post.	postposition
abbv.	abbreviation
conj.	conjunction
interj.	interjection
reg.	regional
pej.	pejorative
phr.	phrase
sl.	slang
esp.	especially
lit.	literally

Chapter 1 सोशल नेटवर्क साइट पर छुट्टी की बातें

The following is an excerpt from a social networking website. Dinesh has gone on a trip to Delhi and is posting his thoughts about his trip. Some of his friends are commenting on his posts. The style of language that Dinesh and his friends use is very informal, characterised by short sentences and frequent dropping of pronouns.

Pre-reading

1. What kind of things would you expect someone to say when writing about a trip that they are on or might have been on?
2. Look at the pictures and skim read the text by reading the first line of each of Dinesh's posts. What can you guess about what Dinesh does on his trip?

Text

जामा मसजिद

ढाबे में

दिल्ली से दिनेश का पहला पोस्ट:

दिनेश: दिल्ली में मेरा पहला दिन। कमाल का शहर है। रात की कोलकत्ता वाली ट्रेन से यहाँ पहुँचा। पहाड़गंज में मैंने आलू पराठे दही के साथ खाए। वाह मज़ा आ गया! नाश्ते के बाद मैं पुराने शहर घूमने गया। लाल किला और जामा मसजिद कितनी खूबसूरत इमारतें हैं। एक तरफ़ से यहाँ हर नुक्कड़ पर इतिहास से मुलाकात होती है। दूसरी तरफ़ से कितना आधुनिक शहर है। मैं एक ढाबे में बैठा हूँ और यहाँ भी वाई-फ़ाई (wi-fi)

की सुविधा उपलब्ध है, वह भी मुफ़्त! अभी कनाट प्लेस में कुछ खरीदारी करने जा रहा हूँ। शाम को सरिता आंटी से डिनर के लिए मिल रहा हूँ।

सलीम: तुम कितने लकी (lucky) हो! मुझे दिल्ली बेहद पसंद है। खूब मज़े करो यार!

शालिनी: उम्मीद है तुम्हारा सफ़र अच्छा हो। अभी से मैं तुम्हें मिस (miss) कर रही हूँ। अफ़सोस हो रहा है कि मैं तुमसे तुम्हारे जाने से पहले मिल न सकी।

प्रीति: वसंत विहार में पंजाबी बाई नेचर (Panjabi by Nature) रेस्टोरेंट ज़रूर जाना। उनके जैसे गोलगप्पे और पनीर टिक्का कहीं और नहीं मिलने वाले ;-)

दिनेश: अभी अभी खाना खाकर होटल पहुँचा हूँ। प्रीति, मैं सरिता आंटी के साथ वही रेस्टोरेंट गया, पंजाबी बाई नेचर। अच्छी च्याइस (choice)! बढ़िया और मज़ेदार खाना, पेट पूरा भर गया। लगता है दो दिन कुछ और नहीं खा पाऊँगा। अभी जल्दी सोने वाला हूँ क्योंकि कल पूरा दिन शहर में घूमना है। तस्वीरें पोस्ट करूँगा।

प्रीति: खुश हूँ कि तुम पंजाबी बाई नेचर गए। मैं कितनी जल रही हूँ . . . ! टेक-अवे (take-away) लेकर आना मेरे लिए :-)

दो दिन के बाद, दिनेश का एक और पोस्ट:

दिनेश: दिल्ली में मुझे खूब मज़ा आया है। आखरी दिन है। आज बारिश हुई, और मैं कुछ भीग गया, लेकिन फिर भी अच्छा लगा। रात को बनारस की गाड़ी साढ़े आठ बजे निकल रही है। बेचैन हूँ। कब से मैंने बनारस नहीं देखा।

राज: अरे यार तुम दिल्ली में थे? मुझे यह बिलकुल नहीं मालूम था, नहीं तो हम मिल सकते थे। मैंने तुम्हारा पोस्ट अभी अभी पढ़ा। कोई बात नहीं, अगली बार मिलेंगे।

दिनेश: सॉरी (sorry) यार, मैंने पहले बताया नहीं . . . अगली बार सही . . .

गंगा आरती

अगली शाम:

दिनेश: बनारस, वाह! कितनी अद्भुत जगह है। आज मैं घाटों पर घूमा, और मैंने गंगा में अपने पाप धोए :-) शाम को आरती देखी। इतनी सुन्दर थी, और अब मन में शान्ति ही शान्ति है। दो अमरीकी टूरिस्टों से मुलाकात हुई। वे कुछ महीनों की भारत यात्रा पर आए हैं। वे इतनी अच्छी हिन्दी बोल रहे थे। शायद वे कोलकत्ता हमारे यहाँ रहने आएँ।

स्टीव: यार, मिलकर बहुत अच्छा लगा। आशा है जल्दी मिलेंगे। हम एक हफ़्ते के बाद बंगाल जा रहे हैं।

शालिनी: तुम घर कब लौट रहे हो? शुक्रवार को हमारे यहाँ पार्टी है। तुम ज़रूर आना।

दो दिन के बाद:

दिनेश: होम स्वीट होम - अपना घर अपना ही होता है! इस एक हफ़्ते की छुट्टी में बहुत मज़ा आया, लेकिन अपने घर का आराम कहीं और नहीं मिलता। अगले हफ़्ते कॉलेज फिर से शुरू हो रहा है। इस बार छुट्टियाँ कुछ जल्दी निकल गयीं! :-(

सीमा: तुम आ गए हो? कल फ़ोन करूँगी। कब से कोई गप-शप नहीं हुई।

शालिनी: शुक्रवार की पार्टी कैंसल (cancel) हो गयी क्योंकि सब ने सिनेमा जाने का प्लान (plan) बनाया है। शाह रुख की नयी फ़िल्म रिलीज़ (release) हुई है। सुना है अच्छी है। तुम भी आना. . . .

Notes

Old Delhi and New Delhi

New Delhi (sometimes referred to simply as 'Delhi') is the capital of India. It is the second largest city in India, after Mumbai. Old Delhi is an area within New Delhi. It is the old Mughal capital and includes famous landmarks, such as the Red Fort (लाल क़िला) and Jama Masjid. Connaught Place is one of the main commercial and business districts in New Delhi.

Importance of rivers in Hinduism

Rivers play an important role in Hinduism and are considered to have spiritual cleansing qualities. There are seven main holy rivers in India: the Ganges, Yamuna, Sarasvati, Godavari, Narmada, Sindhu and Kaveri. Each of these rivers is believed to represent a Hindu goddess. The Ganges (or *Gangā*) is of particular significance. Bathing in the Ganges is believed to purify sins. Some of the most holy places in India are located on the banks of the Ganges, including Varanasi and Haridwar.

Gangā ārtī

The *ārtī* is a Hindu ritual involving the lighting of oil lamps. It is generally accompanied by the singing of religious songs. An *ārtī* takes place every evening in Varanasi (Banaras), on the banks of the river Ganges.

Glossary

कमाल	m.	excellence, something wonderful
कमाल का/की/के	adj.	excellent, amazing
पराठा	m.	flat round fried pancake made of wheat flour, can be plain or stuffed (e.g. आलू पराठा)
दही	f.	yoghurt
वाह	interj.	wow, splendid!
मज़ा	m.	fun, enjoyment
(को) मज़ा आना	vi.	to have fun, to enjoy
नाश्ता	m.	breakfast
ख़ूबसूरत	adj.	beautiful
इमारत	f.	building
एक तरफ़ से . . . दूसरी तरफ़ से . . .	phr.	on the one hand . . . on the other hand
नुक्कड़	f.	corner or end of street
इतिहास	m.	history
मुलाक़ात	f.	meeting
आधुनिक	adj.	modern
ढाबा	m.	Panjabi-style roadside café
सुविधा	f.	facility, convenience
उपलब्ध होना	vi.	to be available
मुफ़्त	adj.	free of cost
ख़रीदारी	f.	shopping
बेहद	adj.	extreme, extremely
ख़ूब	adj.	well, a lot
मज़े करना	vt.	to enjoy
यार	m.	friend (slightly informal)

उम्मीद	f.	hope
सफ़र	m.	journey
अफ़सोस	m.	regret, sorrow
गोलगप्पा	m.	a round puffed crispy cake or *pūrī*, usually eaten filled with diced potato or chick peas, and tamarind sauce, also commonly known as पानी-पूरी (f.)
पनीर	m.	a type of white, unsalted cheese
पनीर टिक्का	m.	cheese cubes, marinated in spices and baked or roasted
बढ़िया	adj.	excellent
पेट	m.	stomach
भरना	vt.	to fill
तस्वीर	f.	picture
जलना	vi.	to burn, to feel jealous
आख़री	adj.	final
बारिश	f.	rain
भीगना	vi.	to get drenched
बेचैन	adj.	restless
अगला	adj.	next
सही	adv.	here: all right, let it be so (used predicatively)
अरे	interj.	hey, oh! (attracting attention or expressing astonishment)
अद्भुत	adj.	amazing
घाट	m.	embankment, steps down to the water
पाप	m.	sin
धोना	vt.	to wash
आरती	f.	a ceremony performed during worship
मन	m.	mind
शान्ति	f.	peace
शायद	adv.	perhaps
लौटना	vi.	to return
आराम	m.	comfort, rest
गप-शप	f.	gossip, chit-chat

Idioms and expressions

मैं तुम्हें मिस (miss) कर रही हूँ।
I'm missing you.

The above could be expressed as: मैं तुम्हें याद कर रही हूँ।

छुट्टियाँ कुछ जल्दी निकल गयीं।
The holidays went by somewhat quickly.

(हमारी) कब से कोई गप-शप नहीं हुई।
(We) haven't chatted for a while/for ages.

Grammar notes

Infinitive usage

The infinitive of a verb can be used in a number of different ways, including the following:

As a command or request to be acted upon at a point in the future.

पंजाबी बाई नेचर ज़रूर **जाना**।
Definitely go to Panjabi by Nature.

तुम लोग भी **आना**।
You all come too.

An infinitive can be regarded as a masculine verbal noun. Therefore, it inflects in the oblique case when followed by a postposition, e.g. पीने का पानी 'drinking water'; जाने से पहले 'before going'.

मैं तुमसे तुम्हारे **जाने** से पहले मिल न सकी।
I couldn't meet you before you went. Lit.: 'before your going'.

An oblique infinitive with the suffix वाला can indicate the sense of 'about to', e.g. सोने वाला 'about to sleep'.

मैं **सोने** वाला हूँ।
I'm about to sleep.

An oblique infinitive can indicate a sense of purpose. The oblique infinitive may be followed by the postposition को or के लिए, however where the main verb is a motion verb as in the examples here (गया; आएँगे) the postposition is implied.

नाश्ते के बाद मैं पुराने शहर **घूमने** गया।
After breakfast I went to wander around the old city.

वे कोलकत्ता हमारे यहाँ **रहने** आएँगे।
They will come to stay at our place in Kolkata.

Verbs सकना and पाना

A verb stem followed by the verb सकना gives the sense of 'to be able to' or 'can' whilst a verb stem followed by the verb पाना, more often used in the negative, has the sense of 'to manage to'.

हम तुम्हारे घर आ **सकते हैं**।
We can come to your house.

मैं तुमसे मिल न **सकी**।
I was unable to meet you.

मैं कुछ नहीं खा **पाऊँगा**।
I won't manage to eat anything.

Compound verbs

Compound verbs are formed by combining the stem of a main verb with another verb which we can call the auxiliary verb. The stem remains fixed, and any changes to agreement due to number, gender or tense occur with the auxiliary. Within the combination the main verb retains its meaning whilst the auxiliary adds a subtle nuance to the meaning of the combination. This nuance can often be difficult to translate.

Compound verbs with जाना

Compounds with जाना tend to indicate a sense of completeness or change of state.

मेरा पेट पूरा भर **गया**।
My stomach got completely full up.

पार्टी कैंसल हो **गयी**।
The party got cancelled.

Note: The ने construction is only used in a perfect tense compound if both verbs of the compound are verbs that take ने.

True or false

Based on the text are the following statements true or false? Correct them where necessary.

1. पहाड़गंज में दिनेश सिर्फ़ आलू पराठे खाता है।
2. पंजाबी बाई नेचर रेस्टोरेंट में बहुत अच्छा पनीर टिक्का मिलता है।
3. दिनेश दिल्ली में राज से मिलने की कोशिश करता है।
4. दिनेश को बारिश में भीगना अच्छा लगा।
5. दिल्ली में दिनेश कुछ अमरीकी लोगों से मिला।

Answer the following questions about the text

1. नाश्ता खाकर दिनेश ने क्या किया?
2. क्या दिनेश को पंजाबी बाई नेचर का खाना पसंद आया?
3. दिल्ली के आखरी दिन मौसम कैसा था?
4. बनारस दिनेश को कैसा लगता है?
5. शालिनी की पार्टी क्यों नहीं हुई?

Word activities

Synonyms: Hindi has borrowed words from other languages, and is therefore very rich as far as synonyms are concerned. Scan the text to find synonyms for the following words. The first syllable is given to help you. If required use a dictionary to help you.

(a) सफ़र → या______
(b) कमाल का → अ______
(c) ख़ूबसूरत → सु______
(d) उम्मीद → आ______

Word derivation: Words in Hindi can be derived from or related to other words by adding prefixes, suffixes or making other types of changes. The following words are derivationally related to a word in the text, i.e. they are related to a word in the text due to adding/removing a prefix or suffix, or some other change. Scan the text to find the related word. The first few have been done for you.

(a)	चैन	m.	ease of mind	→	बेचैन
(b)	मज़ा	m.	fun, enjoyment	→	मज़ेदार
(c)	असुविधा	f.	inconvenience	→	सुविधा
(d)	ख़रीदना	vt.	to shop	→	ख़रीदारी
(e)	हद	m.	limit	→	
(f)	ख़ूबसूरती	f.	beauty	→	
(g)	आरामदेह	adj.	comfortable	→	

Further activities

1. Identify sentences in the text with dropped pronouns. Re-write the sentences adding in the appropriate pronoun.
2. Make a list of Dinesh's activities in chronological order.
3. Use this list to write a summary of Dinesh's trip.
4. Write a few posts about a recent trip that you have been on. Include some photos.
5. Exchange your posts with classmates and write comments for each other's posts.

Chapter 2 तस्वीरों में - बरगी देवी की ज़िंदगी

The following article from BBC Hindi Online is about a typical day in the life of Bargi Devi, a woman from a village in rural Rajasthan. The article is written in a clear and direct style of Hindi characterised by a relatively standard word order with few stylistic features. Aside from Hindi, widely spoken languages in Rajasthan include Rajasthani and Marwari.

Pre-reading

1. What perceptions do you have about what life in an Indian village is like? Make a list of your thoughts.
2. Scan the pictures and captions in the article, and then add any further thoughts that you now have to the list made in the above question.

Text

बरगी देवी के परिवार को पानी के लिए भारी संघर्ष करना पड़ता है। उनके जीवन की एक झलक . . .

मेरा नाम बरगी देवी है। मेरी उम्र 64 साल है। मैं राजस्थान के किशनगढ़ ज़िले के एक गाँव में रहती हूँ। हमारा परिवार काफ़ी बड़ा है। मेरे परिवार में मेरे पति, उनके भाई और उनकी पत्नी रहते हैं। तीन बेटे और उनकी पत्नियाँ, दो बिन ब्याही बेटियाँ और पाँच पोता-पोती हैं। हम पेशे से किसान हैं लेकिन बारिश कभी-कभार ही होती है जिसकी वजह से हमारी ज़िंदगी बहुत मुश्किलों से भरी है।

दिन की शुरुआत

हमारा दिन काफ़ी जल्दी शुरू हो जाता है। हम गर्मियों के मौसम में तो करीब साढ़े चार बजे उठ जाते हैं और सर्दियों में उसके एक घंटे बाद, यानी करीब साढ़े पाँच बजे क्योंकि बहुत सुबह काफ़ी अँधेरा रहता है। औरत और मर्दों के बीच काम लगभग बराबर का बँटा हुआ है। लेकिन मेरे दो बेटे मार्बल फ़ैक्टरी में काम करते हैं इसलिए हम औरतों को लगभग सभी काम करने पड़ते हैं।

दूध निकालना

परिवार की एक बेटी सुबह भैंस का दूध निकालने से दिन की शुरुआत करती है। हमारे पास कई भैंसें हैं और भैंस बहुत अच्छा जानवर है। हम गाय नहीं पाल सकते क्योंकि वे बहुत नाज़ुक होती हैं और सूखे में जीवित नहीं रह सकतीं। हम भैंसों को दूध के अलावा अपनी गाड़ियाँ खींचने के लिए भी इस्तेमाल करते हैं। दूध बेचकर हमें कुछ आमदनी हो जाती है और यह परिवार की आय का एक मुख्य स्रोत है।

फ़सल की बर्बादी

यहाँ मैं बाजरे के सूखे हुए पत्ते इकट्ठा कर रही हूँ। यह साल खेती के लिए बहुत बुरा रहा है और हमारी ज़्यादातर फ़सल बर्बाद हो गई है।

हर साल एक ही कारण रहता है, पानी की कमी, साल दर साल। बहुत मामूली बारिश हुई है और ज़मीन से भी पानी नहीं निकल पाता है। कुओं में भी पानी नहीं है।

सूखी ज़मीन का हाल

यह है हमारी सूखी ज़मीन का हाल, बिलकुल सख्त और धूल भरा। भला इस ज़मीन में क्या उग सकता है। हालाँकि हमारा पेशा खेतीबाड़ी ही रहा है फिर भी मेरे बेटे खेती के अलावा कोई और धंधा करने की सोच रहे हैं।

वे फ़ैक्टरियों या शहर में नौकरी करना चाहते हैं क्योंकि उनको देहात में भविष्य नहीं दिखाई देता।

पानी की कमी

हम जब खेतों में काम करते हैं तो मेरी देवरानी को पास के गाँव में नल से पानी लाने के लिए पाँच मील का सफ़र तय करना पड़ता है। उस नल पर हमेशा ही लंबी लाइन रहती है और कभी-कभी तो पानी के लिए लड़ाई भी हो जाती है।

जैसाकि आप देख सकते हैं, बहुत से परिवार अपने बच्चों को पानी भरने के लिए भेजते हैं। कुछ परिवारों का मानना है कि बच्चों को स्कूल भेजने से बेहतर यह है कि वे किसी न किसी रूप में परिवार का सहारा बनें।

पानी की कीमत

कभी-कभी तो हमें पानी खरीदना पड़ता है। इस तरह के टैंक हमारे खेतों में आ जाते हैं। हम अपनी ज़मीन का कोई छोटा सा हिस्सा सींचने के लिए पानी खरीदते हैं। और यहाँ तक कि नहाने और साफ़-सफ़ाई के लिए भी पानी खरीदना पड़ता है।

यह बहुत महँगा सौदा है। करीब ५०० लीटर पानी हासिल करने के लिए हमें सौ रुपए तक देने पड़ते हैं।

राहत के कुछ क्षण

दिन भर की व्यस्तता और थकान के बाद शाम को मैं अपने पोते सोनू के साथ कुछ समय बिताना पसंद करती हूँ। मुझे उसके भविष्य की चिंता है। वह किसान नहीं बन सकता क्योंकि इसमें कोई भविष्य नहीं है। मेरे ख्याल से हमारी आने वाली पीढ़ी को इतना भी पानी नहीं मिल सकेगा जितना हमें मिल जाता है। सोनू स्कूल जाता है और मुझे आशा है कि उसे शहर में कोई अच्छी नौकरी ज़रूर मिल जाएगी। मैं उसे यहाँ से दूर भेज दूँगी लेकिन यह उसके भले के लिए ही होगा।

Notes

Rural Indian farmers and water

The majority of India's population live in villages, with a significant percentage working in agriculture. Whilst investment in the social and economic infrastructure of rural India is taking place in order to improve the standard of living, there is still much to be done in areas such as water supply, electricity and education. A particular problem for those in agriculture in past years has been the untimely and sparse monsoon rains.

Joint family system

In the joint family system several generations of a family live within the same household. This tends to include parents, sons and their wives, unmarried daughters, and grandchildren. This set-up lends itself to sharing of tasks, as well as care of the elderly and children. The joint family system is practised in villages as well as in urban India.

Glossary

ज़िंदगी	f.	life
भारी	adj.	heavy
संघर्ष	m.	struggle
जीवन	m.	life
झलक	f.	glimpse
ज़िला	m.	district
गाँव	m.	village
बिन ब्याहा	adj.	unmarried
पोता	m.	grandson (son's son)
पोती	f.	granddaughter (son's daughter)
पेशा	m.	profession
किसान	m.	farmer
कभी-कभार	adv.	sometimes, seldom
क़रीब	adj. & adv.	close (to)
अँधेरा	m.	darkness
मर्द	m.	man
बराबर	adv.	equal
बँटना	vi.	to be shared
भैंस	f.	buffalo
शुरुआत	f.	beginning
जानवर	m.	animal

गाय	f.	cow
पालना	vt.	to rear
नाज़ुक	adj.	fragile, delicate
सूखा	adj. & m.	dry
जीवित	adj.	alive
खींचना	vt.	to pull
आमदनी	f.	income
आय	f.	income
स्रोत	m.	source
फ़सल	f.	crop, harvest
बर्बादी	f.	destruction
बाजरा	m.	millet
पत्ता	m.	leaf
इकट्ठा करना	vt.	to gather, to collect
खेती	f.	farming
कारण	m.	reason
कमी	f.	lack
साल दर साल	adv.	year on year
मामूली	adj.	meagre, average, ordinary
कुआँ	m.	well
सख़्त	adj.	hard
धूल	f.	dust
भला	interj.	well
उगना	vi.	to grow
खेतीबाड़ी	f.	farming
धंधा	m.	business, occupation, profession
नौकरी	f.	job, work
देहात	m.	countryside
भविष्य	m.	future
देवरानी	f.	sister-in-law (husband's younger brother's wife)
नल	m.	tap
तय करना	vt.	here: to cover (a distance)
लड़ाई	f.	fight, quarrel
मानना	m.	belief

रूप	m.	form
सहारा	m.	support
हिस्सा	m.	portion, section
सींचना	vt.	to irrigate
सौदा	m.	deal
हासिल करना	vt.	to obtain
राहत	f.	relief, comfort
भर	adv.	whole, e.g. दिन भर 'the whole day'
व्यस्तता	f.	state of being busy, preoccupation
थकान	f.	fatigue
चिंता	f.	worry, concern
पीढ़ी	f.	generation
भला	m.	good

Grammar notes

Compulsion: infinitive + पड़ना

The infinitive followed by the auxiliary पड़ना indicates a sense of strong compulsion equivalent to 'must' or 'have to', often with the implication of an external pressure causing the subject to perform the action. In this construction the subject under compulsion takes को, and the infinitive and auxiliary both agree with the direct object of the infinitive.

हम को पानी खरीदना **पड़ता है।**
We have to buy water.

औरतों को लगभग सभी काम करने **पड़ते हैं।**
The women have to do almost all the tasks.

Compound verbs with जाना

As mentioned in Chapter 1, compounds with जाना tend to indicate a sense of completeness or change of state.

हमारा दिन काफ़ी जल्दी शुरू हो **जाता है।**
Our day begins quite early.

फ़सल बर्बाद हो **गई है।**
The harvest has been ruined.

Compound verbs with देना

Compounds with देना tend to indicate a sense of an action flowing away from the subject for the benefit of someone else.

मैं अपने पोते को यहाँ से दूर भेज **दूँगी**।
I'll send my grandson far away from here.

The reflexive possessive pronoun अपना 'one's own'

Depending on who the subject of a clause or sentence is, अपना can mean 'my', 'your', 'his', 'her', etc. It is used in place of the possessive pronouns such as मेरा, आपका, इसका, उसका, etc. when both the subject and the 'possessor' of the clause or sentence are the same person, and it follows the same rules of agreement as a possessive pronoun.

वह अपनी किताब पढ़ रहा है।
He is reading his (own) book.

वह उसकी किताब पढ़ रहा है।
He is reading his (i.e. someone else's) book.

Some examples from the text in this chapter include:

बहुत से परिवार **अपने** बच्चों को पानी भरने के लिए भेजते हैं।
Many families send their children to fill up water.

हम **अपनी** ज़मीन का हिस्सा सींचने के लिए पानी ख़रीदते हैं।
We buy water to irrigate a portion of our land.

True or false

Based on the text are the following statements true or false? Correct them where necessary.

1. बरगी देवी की दो बेटियों की शादी अभी तक नहीं हुई।
2. सर्दियों में बरगी देवी करीब साढ़े चार बजे उठ जाती हैं।
3. औरतें मर्दों से ज़्यादा काम करती हैं।
4. दूध बेचना बरगी देवी के परिवार की आय का एक मुख्य स्रोत है।
5. पानी की कमी बरगी देवी के लिए एक बड़ी समस्या है।

Answer the following questions about the text

1. सर्दियों के मौसम में बरगी देवी एक घंटा देर से क्यों उठती हैं?
2. बरगी देवी का परिवार गाय क्यों नहीं पालते?

3. बरगी देवी के बेटे कोई और धंधा करने की क्यों सोच रहे हैं?
4. कुछ परिवारों का विचार है कि बच्चों को स्कूल नहीं जाना चाहिए। क्यों?
5. जब शाम होती है, बरगी देवी क्या करती हैं?

Word activities

Synonyms: Scan the text to find synonyms for the following words. The first syllable is given to help you. If required use a dictionary to help you.

(a) कारण → व______
(b) आदमी → म______
(c) जीवन → ज़ि______
(d) धंधा → पे______
(e) ज़िंदा → जी______

Word derivation: The following words are derivationally related to a word in the text. Scan the text to find the related word.

(a)	कम	adj.	less	→
(b)	खेत	m.	field	→
(c)	ज़िंदा	adj.	alive	→
(d)	जीना	vi.	to live	→
(e)	थकना	vi.	to tire	→
(f)	नौकर	m.	worker, servant	→
(g)	बर्बाद	adj.	ruined	→
(h)	व्यस्त	adj.	busy	→

Further activities

1. Kinship terms: Kinship terms in Hindi identify family relationships very precisely. Scan the text to find the kinship terms referred to and give their precise meanings. What other kinship terms do you know? Add these to the list with their meanings.
2. Design your own family tree and label it using the correct Hindi kinship terms.
3. Make a list of Bargi Devi's family's activities of the day in chronological order from early morning until evening.
4. Based on the list of Bargi Devi's family's activities write a summary of Bargi Devi's day.
5. Write your own diary for a typical day. Use your own photos to illustrate it.

Chapter 3 हार्ड कौर का 'देसी डांस' जल्द

Female rapper Hard Kaur is interviewed by BBC Hindi Service correspondent Rachna Shrivastav in Dallas, USA. The following text is an excerpt from the interview.

In this text the traditional Hindi full-stop or period, the *pūrṇa virām*, is not used. Instead we see the end of a sentence is marked by the English full-stop or period. It is becoming increasingly common to see this style of punctuation on the internet and in print media.

Pre-reading

1. Who is your favourite singer and why?
2. Make a list of questions you would ask if you were interviewing your favourite singer.
3. Skim through the text by reading the interviewer's questions and state in your own words what are the main topics of the interview.

Text

संवाददाता: रचना श्रीवास्तव, बीबीसी हिंदी डॉट कॉम के लिए, डैलस, अमरीका से.

29 जुलाई 1979 को कानपुर में जन्मी एक छोटी सी लड़की जब भारत से लंदन आई तो उसे पश्चिमी संगीत का पता भी नहीं था. वह बस एक नाम जानती थी, माइकल जैक्सन का. उस समय इस लड़की को यह मालूम भी नहीं था कि वह क्या करने वाली है.

लेकिन जीवन में माँ के प्रेम और प्रोत्साहन ने उसे अपने जीवन की दिशा चुनने का हौसला और मौका दिया. आज हम सब इन्हें हार्ड कौर के नाम से जानते हैं.

अपने कार्यक्रम के सिलसिले में जब हार्ड कौर अमरीका आईं, तब मैंने उनके जीवन के कुछ पहलुओं को जानना चाहा.

आप संगीत को क्यों अपनाना चाहती थीं और उसमें भी आप ने रैप को ही क्यों चुना?

मैं रैप करना चाहती थी. एक तो यह पहले कभी किसी ने किया नहीं था और दूसरी बात है कि मुझे पॉप संगीत बहुत पसंद है. जब मैं भारत में थी तो मुझे अंग्रेज़ी संगीत का कुछ पता नहीं था. केवल माइकल जैक्सन का पता था.

जब मैं 1991 में इंग्लैंड आई तो मैंने एमटीवी देखना शुरू किया. तब पता चला कि रेगे है, रॉक है, पॉप है पर मुझे हिप हॉप सबसे ज़्यादा पसंद आया क्योंकि यह मुझे अलग सा संगीत लगा.

यह भी एक कारण था कि मैंने इसको चुना. रैप को गाने के लिए वोकल तकनीक एकदम अलग होती है और मैं महसूस करती हूँ कि यह बहुत ही कठिन है. कुछ नया और ऑरिजनल करना हमारे खून में है, तो मैंने रैप को चुन लिया बस इस तरह मेरा यह संगीत का सफ़र शुरू हो गया.

आप का नाम तरन कौर ढिल्लों है तो ये तरन कौर हार्ड कौर कैसे बन गईं?

अंदर से तो मैं पहले से ही हार्ड थी. सभी मुझ को चिढ़ाते थे कि यह तो किसी से डरती नहीं, पंजाबी है. इसका नाम तरन कौर नहीं हार्ड कौर होना चाहिए तो मैंने यही नाम रख लिया क्योंकि यह मेरे व्यक्तित्व से मिलता था.

आप रैप गाने वाली पहली भारतीय गायिका हैं तो इस नए काम में आपको लोगों का कितना सहयोग मिला?

पहले लोगों ने मुझे ज़्यादा पसंद नहीं किया. लेकिन अब अपना सहयोग दे रहे हैं, पसंद कर रहे हैं. मैंने हार नहीं मानी. मैं कुछ गलत काम करके आगे नहीं बढ़ी. बहुत मेहनत की. तब सभी का प्यार मिला है.

आप को अपनी पहली फ़िल्म का गाना कैसे मिला?

मेरे भारत में बहुत शो हो रहे थे. उस समय मुझे शंकर-अहसान-लॉय मिले. उन्होंने कहा कि उन्हें मेरा गाना बहुत पसंद है और अगली बार जब मैं भारत आऊँ तो उनसे ज़रूर मिलूँ. फिर जब मैं भारत गई तो मैंने उन्हें फ़ोन किया.

मैं स्टूडियो में ही थी तभी "जॉनी गद्दार" के निर्देशक श्रीरामजी वहाँ आए और उन्होंने कहा कि उन्होंने टीवी पर मेरा इंटरव्यू देखा और मैं उन्हें बहुत अच्छी लगती हूँ. उन्होंने मुझसे कहा कि मैं उनके लिए एक गाना रिकार्ड करूँ. मुझे लगा क्या बात है! पहला मौका मिल रहा है वह भी शंकर-अहसान-लॉय के साथ. मेरी तो जैसे लौटरी लग गई थी.

हार्ड कौर को हार्ड कौर किसने बनाया?

मैं तो बहुत चुपचाप से सॉफ़्ट कौर थी. मैं उत्तर प्रदेश से आई एक छोटी सी लड़की थी. मैं तो कहूँगी कि मुझे ब्रिटेन ने हार्ड कौर बनाया. जो संघर्ष मैंने देखा, लड़ाइयाँ हुईं और जिस तरह लोगों ने मुझे तंग किया, वह नहीं होता तो आज मुझ में इतनी अक्ल नहीं होती.

भारत, जहाँ मेरी जड़ें हैं, मेरी संस्कृति है, उसने मुझे बड़ों की इज़्ज़त करना, सभी को प्यार करना सिखाया और ब्रिटेन ने सिखाया कि अपनी लड़ाई किस तरह से लड़नी चाहिए. तो आप कह सकते हैं कि हार्ड कौर भारत और ब्रिटेन का मिश्रण है.

आप भविष्य में क्या कुछ करने की सोच रही हैं?

अभी मेरी दूसरी ऐल्बम आ रही है 'देसी डांस'. मैं कोशिश कर रही हूँ कि इस साल के अंत तक यह ऐल्बम आ जाए. अब देखना है कि आगे क्या होता है. मैं फ़िल्म भी बना सकती हूँ, ऐक्टिंग भी कर सकती हूँ. क्या होगा देखते हैं.

Notes

Sikh names

The name 'Kaur' is used by Sikh women as a middle or last name, whereas Sikh men use the name 'Singh'. Most Sikh first names tend to be gender-neutral.

Hip hop in India

India has been producing hip hop and rap music since the 1990s, but recent years have seen an increase in the popularity of the genre. This can partly be attributed to the exposure that hip hop has received in both Bollywood and South Indian films. Film music composers such as A. R. Rahman and the trio Shankar-Ehsan-Loy have been responsible for bringing hip hop tunes to the fore in a number of their films.

Glossary

देसी	adj.	indigenous (generally means 'Indian' or 'South Asian')
जल्द	adv.	soon
संवाददाता	m.	correspondent
जन्मना	vi.	to be born
पश्चिमी	adj.	western
संगीत	m.	music
प्रेम	m.	love
प्रोत्साहन	m.	encouragement
दिशा	f.	direction
चुनना	vt.	to choose
हौसला	m.	courage

मौक़ा	m.	opportunity, occasion
कार्यक्रम	m.	programme
सिलसिला	m.	matter, affair
के सिलसिले में	post.	in connection with
पहलू	m.	aspect
अपनाना	vt.	to make one's own, to embrace, to adopt
गाना	vt.	to sing
एकदम	adv.	completely, totally, exactly
महसूस करना	vt.	to feel
कठिन	adj.	difficult, hard
ख़ून	m.	blood
चिढ़ाना	vt.	to tease, to irritate
(से) डरना	vi.	to be afraid (of)
व्यक्तित्व	m.	personality
गायिका	f.	female singer
सहयोग	m.	co-operation
हार	f.	here: defeat
मानना	vt.	to accept
आगे बढ़ना	vi.	to move ahead, to progress
मेहनत	f.	hard work, toil
शो	m.	'show', performance
निर्देशक	m.	director
चुपचाप	adj.	quiet, silent
तंग करना	vt.	to annoy, to harass
अक़्ल	f.	wisdom
जड़	f.	root
संस्कृति	f.	culture
इज़्ज़त	f.	respect, honour
लड़ना	vi. & vt.	to fight
मिश्रण	m.	mixture, combination
अंत	m.	end

Idioms and expressions

(की) लौटरी लगना: to win the lottery

मेरी तो जैसे लौटरी लग गई थी।
It was as if I'd won the lottery.

Grammar notes

Plural of respect

In the initial few sentences when talking about Hard Kaur as a child the correspondent refers to her in the third-person singular.

उसे पश्चिमी संगीत का पता भी नहीं था।
She didn't even know about western music.

Following this, when referring to Hard Kaur as an adult the correspondent uses the honorific third-person plural as a sign of respect.

हम सब **इन्हें** हार्ड कौर के नाम से जानते हैं।
We all know her by the name of Hard Kaur.

ये तरन कौर हार्ड कौर कैसे बन गईं?
How did this Taran Kaur become Hard Kaur?

Infinitive + चाहना and infinitive + चाहिए

The infinitive + चाहना means 'to want to'

मैं रैप **करना चाहती थी।**
I wanted to do rap.

मैंने उनके जीवन के कुछ पहलुओं को **जानना चाहा।**
I wanted to know (about) some aspects of her life.

The infinitive + चाहिए conveys the sense of 'should' or 'ought to'.

इसका नाम हार्ड कौर **होना चाहिए।**
Her name should be Hard Kaur.

When using the infinitive + चाहिए if there is a direct object the infinitive will agree with it unless the direct object is marked by को:

ब्रिटेन ने मुझे सिखाया कि मुझे अपनी लड़ाई किस तरह से **लड़नी** चाहिए।
ब्रिटेन ने मुझे सिखाया कि मुझे अपनी लड़ाई **को** किस तरह से **लड़ना** चाहिए।

Addition of को in the second example makes a very subtle difference in meaning which is not captured in the translation of the sentence. Therefore both sentences could be translated as follows: 'Britain taught me how I should fight my battle.'

Compound verbs with लेना

Compounds with लेना tend to indicate a sense of an action flowing towards the subject for their own benefit.

मैंने रैप को चुन **लिया**।
I chose rap.

मैंने यह नाम रख **लिया**।
I kept/took this name.

Subjunctive in subordinate clauses

A subordinate clause (i.e. a clause which is introduced by the conjunction कि 'that') which conveys the sense of an action that is possible, desirable, expected, or necessary often takes the subjunctive form of the verb. In the following examples the subjunctive can be translated as 'should'.

उन्होंने कहा कि मैं उनसे ज़रूर **मिलूँ**।
They said that I should definitely meet them.

उसने मुझसे कहा कि मैं उसके लिए एक गाना रिकार्ड **करूँ**।
He said to me that I should record a song for him.

Hypothetical or unfulfilled conditions

Sometimes referred to as 'contrary-to-fact' constructions, when the imperfective participle without any auxiliary is used in both the 'if' (अगर) and the 'then' (तो) clause, it indicates a hypothetical condition. Sometimes अगर is implied.

(अगर) वह नहीं **होता** तो आज मुझे इतनी अक्ल नहीं **होती**।
If that didn't happen then today I wouldn't have this much wisdom.

जो . . . who/which

The word जो means 'the one who/which' and it is both singular and plural.

जो संघर्ष मैंने देखा और जिस तरह लोगों ने मुझे तंग किया . . .
The struggle which I saw and the way people harassed me . . .

True or false

Based on the text, are the following statements true or false? Correct them where necessary.

1. हार्ड कौर रैप करना चाहती थीं क्योंकि उनको पॉप संगीत पसंद नहीं है।
2. रैप गाने की तकनीक काफ़ी आसान है।
3. शुरू से ही लोगों ने हार्ड कौर को पसंद किया।
4. मेहनत करने से हार्ड कौर आगे बढ़ीं।
5. हार्ड कौर ने अभी तक भारत में कोई शो नहीं किया।

Answer the following questions about the text

1. उनका जन्म कब और कहाँ हुआ?
2. वे इंग्लैंड कब गईं?
3. फ़िल्म "जॉनी गद्दार" के निर्देशक श्रीरामजी ने हार्ड कौर को कहाँ देखा?
4. हार्ड कौर ने भारत और ब्रिटेन से क्या क्या करना सीखा?
5. वे अपनी ऐल्बम कब तक रिलीज़ करने की कोशिश कर रही हैं?

Word activities

Synonyms: Scan the text to find synonyms for the following words. If required use a dictionary to help you.

(a) ज़िन्दगी →
(b) मुश्किल →
(c) यात्रा →
(d) वजह →
(f) प्यार →

Word derivation: The following words are derivationally related to a word in the text. Scan the text to find the related word.

(a)	लड़ना	vi.	to fight	→
(b)	डर	m.	fear	→
(c)	जन्म	m.	birth	→
(d)	पश्चिम	adj.	west	→
(f)	व्यक्ति	m.	person	→

Further activities

1. Write a summary of Hard Kaur's life. Include the following points:
   - Her early life.
   - How she got her name.
   - Her influences, both personally and musically.
   - Struggles she has had to face.
   - The main stages of her career.
2. Write a fictitious interview with your favourite singer using the interview questions that you listed in the pre-reading activity and any further questions that you may like to add.
3. Perform a role play with a classmate with you as the interviewer and them as a famous singer, then swap roles.
4. Listen to a Hindi rap song, either by Hard Kaur or another artist, then try and write a short rap of your own.

Chapter 4 एक कन्या, चार वर

Like many parts of India, the region of Mithila has a rich tradition of folk tales. In former times professional story-tellers would travel from one village to another and narrate stories, often infusing tales of worldly activities with elements of the divine. Stories were traditionally told in Maithili, an eastern-Indic language.

The story in this chapter is from a compilation by Akhilesh Jha entitled 'मिथिला: लोक-संस्कृति एवं लोककथाएँ' (*Mithila: Folk Culture and Folk Tales*). Jha narrates the story in Hindi using a heavily Sanskritised register which lends the story a formal and classical tone typically found in recitals of ancient myths and fables.

Pre-reading

1. What rituals of a Hindu wedding ceremony are you aware of?
2. Read the title and first paragraph of the story. Who are the main characters and can you identify what the problem seems to be?
3. What predictions can you make about what might happen in the story?

Text

एक राजा था। उसकी एक बेटी थी। जब उसकी बेटी विवाहयोग्य हुई, तब उसकी बेटी के लिए चार राजाओं ने अपने बेटों का रिश्ता भेजा। राजकुमारी के पिता के उन चारों राजाओं से अच्छे सम्बन्ध थे। वह किसी को ना नहीं कर सका।

हुआ ऐसा कि विवाह के दिन चारों ही राजा बारात लेकर आ गए। विवाह-मण्डप पर जब वर और कन्या को लाने का समय आया, तब कन्या को पता चला कि उससे विवाह करने चार राजकुमार आए हैं। वह चार

वरों को एक साथ देखकर परेशान हो गयी। उसे चक्कर आ गया, वह हवन-कुण्ड में गिर गयी और आग में उसका शरीर जलने लगा। चारों तरफ़ हाहाकार मच गया।

राजकुमारी को जलता देख एक राजकुमार भी बेहोश होकर उसी हवन-कुण्ड में गिर गया। वह भी जलकर मर गया। दूसरा राजकुमार पानी ला-लाकर आग बुझाने लगा। तीसरा राजकुमार अपने शोक में राजकुमारी के जलने के स्थान के पास बैठकर विलाप करने लगा। चौथा राजकुमार विधाता को मनाने के लिए पँचाग्नि व्रत करने लगा।

विधाता ने चौथे राजकुमार की तपस्या से प्रसन्न होकर वर माँगने को कहा। उस राजकुमार ने कहा 'माँगलिक कार्य के प्रयोजन में सब एकत्र हुए। यहाँ किसी का भी मरना अपशकुन होगा। आप यदि हमसे प्रसन्न हैं, तो राजकुमारी के साथ-साथ मृत राजकुमार को भी जीवित कर दिया जाए।'

विधाता ने वैसा ही किया। राजकुमारी जीवित हो गयी और साथ में उसी हवन-कुण्ड में जलकर मरा राजकुमार भी जीवित हो गया। सारे लोग राजकुमारी एवं राजकुमार के पुनः जीवित हो जाने पर हर्षित हो उठे। अब राजकुमारी के पिता ने पुरोहित से विवाह विधि शुरू करने का आग्रह किया। इस पर पुरोहित ने कहा, 'आपकी अज्ञानता एवं अव्यावहारिकता से राजकुमारी को मरना पड़ा। अतः आप स्थापित विधि एवं परम्परा के अनुसार किसी एक राजकुमार के साथ कन्या के विवाह का निर्णय करें।'

राजा को अपनी गलती का एहसास हो चुका था। उसने पुरोहित से आग्रह करते हुए कहा, 'आप विधि के ज्ञाता हैं, भविष्यवेत्ता भी हैं। चारों वर आपके समक्ष हैं, आपने सबका अनुराग राजकुमारी के प्रति देख भी लिया है, अतः आप ही निर्णय दें कि किसके साथ अपनी राजकुमारी का विवाह करूँ?'

'महाराज, आपने सही कहा, सबका राजकुमारी के प्रति अनुराग है, पर सबके अनुराग की प्रकृति भिन्न है। जिस राजकुमार ने कन्या के साथ हवन-कुण्ड में जलकर अपने प्राण छोड़ दिये, उसने अपने भ्रातृवत प्रेम का परिचय दिया है। कोई भाई ही अपनी बहन के अनुराग में ऐसा कर सकता है। जिसने पानी डाला, उसने पितृवत अनुराग का परिचय दिया है, अतः वह राजकुमार कन्या के लिए पितृवत है। जो राजकुमार कन्या के शव पर विलाप करता रहा, उसने मातृवत अनुराग का परिचय दिया। जिस चौथे राजकुमार ने वास्तव में कठिन तपस्या कर कन्या की जान बचायी, वही उसका वास्तविक पति होने का अधिकारी है।' विद्वान पुरोहित ने अपनी राय दी।

पुरोहित की राय से सभी संतुष्ट हुए। राजकुमारी भी चौथे वर से विवाह के प्रस्ताव से खुश हुई। उस चौथे राजकुमार के साथ ही राजकुमारी का विवाह हुआ। शेष तीनों राजकुमारों ने वर-वधू को शुभकामनाएँ दीं।

Notes

Mithila

Mithila, the capital of the ancient Indian kingdom of Videha, falls partly within present day Bihar and southern Nepal. The region is well known across India due to its association with Sita, who according to the Hindu epic *Ramayana,* was the daughter of the king of Mithila.

Traditional Hindu marriage

A traditional Hindu marriage tends to take place over a number of days, involving a variety of rites and rituals. The wedding is generally hosted by the bride's family. Part of the actual marriage ceremony takes place before a sacred fire, under a *maṇḍap* (a canopy). The sacred fire, amongst other things, represents the role of a pure and righteous witness to the sacred rites. The ceremony is performed by a priest who recites Sanskrit verses, whilst the bride and groom and other members of their families participate in the rituals, one of which includes the bride and groom walking around the sacred fire.

Glossary

कन्या	f.	unmarried girl
वर	m.	bridegroom; boon, blessing
विवाह	m.	marriage
योग्य	adj.	suitable
विवाहयोग्य	adj.	marriageable
रिश्ता भेजना	vt.	to send a proposal for marriage
राजकुमारी	f.	princess
सम्बन्ध	m.	connection, relationship
ना करना	vt.	to refuse
बारात	f.	groom's wedding procession
मण्डप	m.	a temporary construction, often four columns and a roof, under which rituals such as a wedding ceremony are performed
परेशान	adj.	distressed, troubled
(को) चक्कर आना	vi.	to feel dizzy

हवन-कुण्ड	m.	a vessel or receptacle in which the holy fire is lit
गिरना	vi.	to fall
आग	f.	fire
शरीर	m.	body
चारों तरफ़	adv.	all around, lit.: on four sides
हाहाकार	m.	outcry
मचना	vi.	to be stirred up, to break out
बेहोश	adj.	unconscious
बुझाना	vt.	to put out, to extinguish
शोक	m.	sorrow
स्थान	m.	place
विलाप करना	vt.	to lament
विधाता	m.	The Creator
मनाना	vt.	here: to persuade
पंचाग्नि व्रत	m.	The five-fire ritual: a penance in which one sits in the sun surrounded by four fires
तपस्या	f.	penance
प्रसन्न	adj.	happy, pleased
माँगलिक	adj.	auspicious
कार्य	m.	action, work
प्रयोजन	m.	purpose
एकत्र	adj.	collected, together
अपशकुन	m.	bad omen
यदि	conj.	if
मृत	adj.	dead
एवं	conj.	and
पुनः	adv.	again
हर्षित	adj.	joyful
पुरोहित	m.	priest
विधि	f.	rite, ceremony
आग्रह	m.	insistence
अज्ञानता	f.	ignorance
अव्यावहारिकता	f.	impracticability
अतः	adv.	therefore

स्थापित	adj.	established
परम्परा	f.	tradition
के अनुसार	post.	according to
निर्णय	m.	decision
एहसास	m.	realisation
(को) एहसास होना	vi.	to realise
ज्ञाता	m.	knowledgeable person, expert
भविष्यवेत्ता	m.	foreteller of the future
के समक्ष	post.	in the presence of, before
अनुराग	m.	affection
के प्रति	post.	towards
प्रकृति	f.	nature
भिन्न	adj.	different
प्राण	m.	life force
छोड़ना	vt.	to leave, to let go, to give up
भ्रातृवत	adj.	fraternal
(का) परिचय देना	vt.	to make known, to demonstrate (a quality), to acquaint with
पितृवत	adj.	paternal
शव	m.	corpse
मातृवत	m.	maternal
वास्तव में	adj.	in reality
जान	f.	life-force, spirit
बचाना	vt.	to save
अधिकारी	m.	here: one deserving of something
विद्वान	adj.	learned
राय	f.	opinion, judgement, advice
संतुष्ट	adj.	satisfied
प्रस्ताव	m.	proposal
शेष	adj. & m.	remaining
वर-वधु	m.	bride and groom
शुभकामना	f.	good wish
प्रतिक्रिया	f.	reaction

Grammar notes

The absolutive (or conjunctive participle)

The verb stem followed by -कर gives the sense of 'having done' or 'after doing', e.g. देखकर 'after seeing' or 'having seen'. This construction is used as the first verb in a sequence of events.

राजकुमार बेहोश **होकर** गिर गया।
The prince fainted and fell.

Colloquially, -के is used instead of कर, e.g. देखके

Sometimes the verb stem itself, with neither -कर nor -के, is used as the absolutive:

राजकुमारी को जलता **देख** राजकुमार बेहोश हो गया।
After seeing the princess burning the prince fainted.

The reduplication of the absolutive stem gives the sense of an action being repeated.

राजकुमार पानी **ला-लाकर** आग बुझाने लगा।
The prince brought water (again and again) and began to put out the fire.

Note: करना in the absolutive does not take the stem -कर, and is therefore always करके.

Infinitive + लगना

The infinitive ending in -ए followed by the verb लगना gives the sense of 'to begin' and describes the commencement of an action or event.

उसका शरीर **जलने लगा।**
Her body began to burn.

तीसरा राजकुमार विलाप **करने लगा।**
The third prince began to lament.

Verb stem + चुकना

Used with the verb stem, the auxiliary चुकना gives the sense of 'having already done', or 'finished doing'.

राजा को अपनी गलती का एहसास **हो चुका था।**
The king had already realised his mistake.

Subjunctive as a request or suggestion

The subjunctive form of the verb can be used as a suggestion or a polite request.

आप निर्णय **दें**।
Please give a decision.

Relative clauses with जो . . . वह/वे

In Chapter 3 we saw that जो means 'the one who/which'. जो introduces a relative clause which can be paired with a correlative clause beginning with वह or वे. In the following example वह in the correlative clause becomes the oblique form उस as it is followed by ने.

जो राजकुमार कन्या के शव पर विलाप करता रहा, **उसने** मातृवत अनुराग का परिचय दिया।
The prince who was lamenting over the princess's body (he) demonstrated maternal love.

The oblique singular form of जो is जिस as in the example below, and the oblique plural form of जो is जिन.

जिस चौथे राजकुमार ने कन्या की जान बचायी . . .
The fourth prince who saved the girl's life . . .

True or false

Based on the text, are the following statements true or false? Correct them where necessary.

1. राजकुमारी के पिता दूसरे राजाओं से अच्छे संबंध रखते थे।
2. राजकुमारी और एक राजकुमार हवन कुंड में गिरकर मर गए।
3. एक राजकुमार ने आग बुझाने की कोशिश की।
4. राजकुमारी के पिता को अपनी गलती का एहसास नहीं हुआ।
5. पुरोहित के अनुसार, जिस राजकुमार ने आग पर पानी डाला, वह राजकुमारी के भाई के बराबर है।

Answer the following questions about the text

1. राजकुमारी से विवाह करने चार राजकुमार क्यों आए?
2. चार राजकुमारों को देखकर राजकुमारी की प्रतिक्रिया क्या थी?
3. राजकुमारी फिर से जीवित कैसे हुई?
4. किसने प्रस्ताव दिया कि राजकुमारी का विवाह चौथे राजकुमार से होना चाहिए?
5. इस प्रस्ताव पर सब लोगों की प्रतिक्रिया क्या थी, और बाक़ी तीनों राजकुमारों ने क्या किया?

Word activities

Certain Sanskritic words found in the text are generally only used in a formal or higher register. Match up the following higher register words with an appropriate more common equivalent. The first one is done for you.

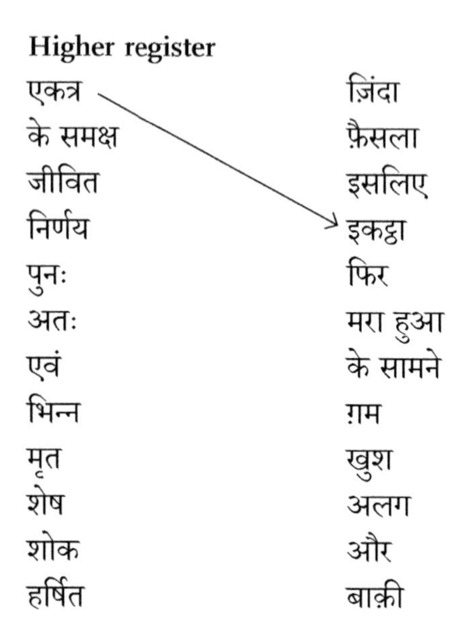

Higher register	
एकत्र	ज़िंदा
के समक्ष	फ़ैसला
जीवित	इसलिए
निर्णय	इकट्ठा
पुनः	फिर
अतः	मरा हुआ
एवं	के सामने
भिन्न	ग़म
मृत	खुश
शेष	अलग
शोक	और
हर्षित	बाक़ी

Further activities

1. Identify sentences in the text containing higher register Sanskritic vocabulary and re-write them in a more colloquial register.
2. Re-tell the story in your own words.
3. What happens next in the story? Write a few paragraphs about what happens to the married couple and/or the three remaining princes.
4. Re-write a short folk tale or fable that you know, or make one up of your own.
5. Give an oral summary of your folk tale or fable to a classmate.

Chapter 5 पुस्तक समीक्षाएँ

The following four book reviews are taken from the *Navbharat Times*, a leading Hindi daily newspaper.

The use of the *candrabindu* (or 'moon dot') in the nasalisation of vowels does not feature in the Hindi text in this chapter. It is common-place to see text where only the *anusvār* (dot) is used even where the *candrabindu* would normally be expected.

Pre-reading

1. What generic information about a book would you expect to find in a book review?
2. If you were to write a book review what type of information about the book's content would you include?
3. Read the introductory information given about each book such as title, number of pages, etc. Based on this information, which book are you most likely going to want to read first? List the books in the order you would want to read them.

Text

पुस्तक: भारतीय श्रेष्ठ कहानियां, भाग-१ व भाग-२ (विभिन्न भाषाओं की चुनिंदा कहानियां)
संपादक: सन्हैया लाल ओझा
प्रकाशक: लोकभारती प्रकाशन, महात्मा गांधी मार्ग, इलाहाबाद
कीमत: २२५ रुपये (हर भाग)
पेज: १२२७ (दोनों भाग)

भारत में कहानी सुनाने और लिखने की परंपरा बहुत पुरानी है और देश के कोने-कोने में इसकी कामयाबी फैल रही है। लगभग सभी भाषाओं में कहानियां मिल जाती हैं। ये कहानियां बच्चों के लिए भी होती हैं और बड़ों के लिए भी। मनोरंजक कहानियां भी आपको मिलेंगी और सामाजिक समस्याओं को उठाती भी। किताब दो भागों में है जिनमें १२०० से ज़्यादा पेज हैं। कहानियां पढ़ने के शौकीनों को और खास तौर पर जो लोग लंबे सेशंस में पढ़ने के शौकीन हैं, उन्हें ये किताबें काफ़ी पसंद आएंगी। पहले भाग में पंजाबी, उड़िया, कन्नड़, तेलुगू, मराठी और हिंदी की चुनी हुई ६० कहानियां दी गई हैं। दूसरे भाग में तमिल, मलयालम, सिंधी, गुजराती, उर्दू, कश्मीरी और बांग्ला की ७४ कहानियां शामिल की गई हैं। किताबें पेपरबैक्स में हैं इसलिए सस्ती हैं।

पुस्तक: शुद्ध हिन्दी कैसे बोलें, कैसे लिखें
लेखक: पृथ्वीनाथ पाण्डेय
प्रकाशक: भारतीय पुस्तक परिषद, नई दिल्ली
कीमत: ३०० रुपये
पेज: १९२

यों तो ज़्यादातर हिंदुस्तानी हिंदी बोलते, लिखते और समझते हैं, पर जब बात उसके शुद्ध और सही रूप की आती है तो हम में से बहुत-से लोग मार खा जाते हैं। भाषा अपनी सोच और भावों को दूसरों तक पहुंचाने का ज़रिया है। शुद्ध और सही भाषा का इस्तेमाल करके हम न सिर्फ़ दूसरों के सामने हंसी का पात्र बनने से बच पाते हैं, बल्कि अपनी बात को भी सामने वाले तक सही और सटीक तरीके से पहुंचा पाते हैं। कई बार तो भाषा के गलत इस्तेमाल से हमें झेंप का सामना भी करना पड़ता है। इस किताब में हिंदी व्याकरण से शुरू करके आज के दौर की हिंदी भाषा के सही इस्तेमाल के तरीके उदाहरण सहित बताए गए हैं, ताकि अगली बार जब हम लोगों के बीच हिंदी बोलने लगें तो वह अशुद्ध न हो।

पुस्तक: आई. आई. टी. में प्रवेश कैसे पाएं
लेखक: सुभाष जैन
प्रकाशक: सत्साहित्य प्रकाशन, नई दिल्ली
कीमत: २०० रुपये
पेज: १८५

आई. आई. टी. के एंट्रेंस टेस्ट में कामयाबी हासिल करना कोई हंसी-खेल नहीं है। यह परीक्षा काफ़ी मुश्किल होती है, जिसमें उम्मीदवार को पूरी जान मारनी पड़ती है। मेहनत और लगन के बल पर लोग इसमें कामयाब होते हैं। अगर ढंग से तैयारी की जाए तो कामयाबी के चांस बढ़ जाते हैं। इस मामले में यह किताब आपकी मदद कर सकती है। परीक्षा की तैयारी करना अपने आप में जटिल समस्या है। योजना बनाकर कैसे आगे बढ़ा जाए, किन-किन बातों को याद रखें, टाइम मैनेजमेंट कैसे करें और परीक्षा की चिंता से कैसे बचें, इन सब बातों को किताब में समझाने की कोशिश की गई है।

पुस्तक: मन्नू भंडारी की यादगारी कहानियां
लेखिका: मन्नू भंडारी
प्रकाशक: हिन्दी पॉकेट बुक्स, नई दिल्ली
कीमत: १३५ रुपये
पेज: २०८

मन्नू भंडारी हिंदी की मशहूर कहानीकार हैं। वे कई फिल्मों की स्क्रिप्ट भी लिख चुकी हैं। ये कहानियां पाठकों से अपनापन बनाती नज़र आती हैं। दरअसल ये पात्रों के हर कार्य और उनके अंदरूनी हालात को इस तरह

कागज़ पर उकेर देती हैं कि लगता है जैसे हम खुद घटनास्थल पर मौजूद हैं। मन्नू एक ऐसी कहानीकार हैं जिनकी कहानियों की भाषा एकदम सरल और सहज है। कहानियां पढ़ने वालों को न सिर्फ़ बांधकर रखती हैं बल्कि दिल पर भी छा जाती हैं। पात्र हमारे आसपास के ही मालूम पड़ते हैं। किताब में शामिल 'अकेली', 'मजबूरी', 'कील' और 'कसक' ही नहीं, बाकी कहानियां भी ऐसी हैं जिन्हें बार-बार पढ़ने का मन करेगा।

Notes

IIT

IIT (Indian Institute of Technology) is the title or status given to certain high-ranking engineering institutes of higher education in towns and cities across India. Admission to B.Tech. (undergraduate) and M.Tech. (postgraduate) courses at IITs is through highly competitive entrance exams. An IIT degree is regarded as very prestigious within the technology industry, and is likely to increase a candidate's chances of future success.

The Hindi short story

The history of the short story in Hindi can be traced back to the end of the nineteenth century. One of the greatest short story writers of the early twentieth century was Munshi Premchand, who wrote more than 300 stories, many of which focused on the plight of the down-trodden in rural India. Over the last century the short story genre has continued to develop, including highlighting issues and changes affecting the urban sphere. Movements within the short story include the *Naī Kahānī* or 'new story', the *Sacetan Kahānī*, which emphasised the importance of 'awareness', and the *Samāntar Kahānī* or 'parallel story' which was about the struggles of the common man. Today the short story continues to be a successful and popular genre of Hindi literature.

Glossary

पुस्तक	f.	book
समीक्षा	f.	review
श्रेष्ठ	adj.	best
कहानी	f.	story
भाग	m.	part
व	conj.	and
विभिन्न	adj.	different, various
चुनिंदा	inv.	selected
संपादक	m.	editor

प्रकाशक	m.	publisher
क़ीमत	f.	cost
सुनाना	vt.	to recite, to recount
देश	m.	country
कोना	m.	corner
कामयाबी	f.	success
फैलना	vi.	to spread
तक़रीबन	adv.	almost, approximately
मनोरंजक	adj.	entertaining
सामाजिक	adj.	social
समस्या	f.	problem
शौक़ीन	m.	enthusiast
शामिल करना	vt.	to include
शुद्ध	adj.	pure, proper
लेखक	m.	writer
यों तो	adv.	in the first place; generally speaking; in this case
सही	adj.	correct
सोच	m.	thought
भाव	m.	sentiment
पहुँचाना	caus.	to deliver (to cause to reach)
ज़रिया	m.	means, medium
इस्तेमाल	m.	usage
(का) इस्तेमाल करना	vt.	to use
पात्र	m.	character
(से) बचना	vi.	to be saved, to avoid
पाना	vt.	here: to manage
बल्कि	adv.	rather, moreover
सटीक	adj.	correct, appropriate
तरीक़ा	m.	way, manner, method
झेंप	f.	embarrassment
(का) सामना करना	vt.	to face
दौर	m.	age, phase
उदाहरण	m.	example
सहित	post.	के साथ, with
ताकि	conj.	so that

आई. आई. टी.	abbv.	IIT, i.e. Indian Institute of Technology
प्रवेश	m.	entrance
हँसी-खेल	m.	lit.: laughter and play, i.e. a laughing matter; a simple matter
परीक्षा	f.	exam
उम्मीदवार	m.	candidate, hopeful
लगन	f.	dedication
के बल पर	post.	by virtue of, supported by
कामयाब	adj.	successful
ढंग से	adv.	in a manner, properly
तैयारी	f.	preparation
बढ़ना	vi.	to increase
मामला	m.	matter
मदद	f.	help
अपने आप में	phr.	in itself
जटिल	adj.	complex
योजना	f.	plan
याद रखना	vt.	to bear in mind, to not forget
समझाना	vt.	to explain
यादगारी	f.	memorable
मशहूर	adj.	famous
कहानीकार	m.	story-teller
पाठक	m.	reader
अपनापन	m.	kinship; affinity, intimacy
नज़र आना	vi.	to appear, to be seen
दरअसल	adv.	actually, in fact
अंदरूनी	adj.	internal
हालात	m.pl.	conditions, circumstances
कागज़	m.	paper
उकेरना	vt.	to engrave, to etch
घटनास्थल	m.	scene of action
मौजूद होना	vi.	to be present
सरल	adj.	simple
सहज	adj.	easy, natural
न सिर्फ़ . . . बल्कि	phr.	not only . . . but

बाँधना	vt.	to tie, to bind
दिल	m.	heart
छाना	vi.	to spread over
(को) मालूम पड़ना	vt.	to seem
शामिल	adj.	included
बाक़ी	adj. & f.	remaining
(का) मन करना	vt.	to want (to), to feel like

Idioms and expressions

मार खाना lit.: to take a beating, to get beaten; but here: to fail badly

बहुत-से लोग मार खा जाते हैं।
Many people fail badly.

हंसी-खेल lit.: a joke or game; but here: something easy

एंट्रेंस टेस्ट में कामयाबी हासिल करना कोई हंसी-खेल नहीं।
Gaining success in the entrance test is not an easy matter.

पूरी जान मारना here: 'to give it your all'

उम्मीदवार को पूरी जान मारनी पड़ती है।
Candidates have to give it their all.

कागज़ पर उकेरना lit.: to etch onto paper; here: 'to paint a picture' or 'to portray vividly'

वे उनके अंदरूनी हालात को कागज़ पर उकेर देती हैं।
She vividly portrays their inner state.

दिल पर छाना lit.: to spread over the heart; here: 'to endear oneself to'

वे कहानियां पढ़ने वालों के दिल पर छा जाती हैं।
She endears herself to readers.

Grammar notes

Infinitive as verbal noun

An infinitive can be used as a masculine verbal noun.

भारत में कहानी **सुनाने** और **लिखने** की परंपरा बहुत पुरानी है।
The tradition of telling and writing stories in India is very old.

Subjunctive as a request or suggestion

We noted in Chapter 4 that the subjunctive form of the verb can be used as a request or suggestion. The following statement could therefore be translated either as 'how to speak Hindi' or 'how you should speak Hindi'.

हिन्दी कैसे **बोलें**।

The passive voice

The passive is formed by combining the perfective participle with जाना as the auxiliary verb. The perfective participle of regular verbs is formed from the stem of the verb + -आ, -ई, -ए or -ईं. In the passive, agreement of the verb is with the grammatical subject, i.e. the person or thing that the verb is acting upon.

दूसरे भाग में ७४ कहानियाँ शामिल **की गई हैं**।
(The verb is agreeing with f.pl. कहानियाँ)
74 stories have been included in the second part.

हिंदी भाषा के सही इस्तेमाल के तरीके **बताए गए** हैं।
(The verb is agreeing with m.pl. तरीके)
Methods of correct Hindi usage have been told.

Conditional sentences

Conditional sentences are frequently made up of an 'if' (अगर) clause and a 'then' (तो) clause. There are a number of ways of forming conditional sentences. The following example is with a subjunctive verb in the 'if' clause, and a present tense in the 'then' clause.

अगर ढंग से तैयारी की जाए तो कामयाबी के चाँस बढ़ जाते हैं।
If preparation is done properly then the chances of success increase.

Use of the subjunctive in the first clause indicates a sense of uncertainty about whether the preparation (तैयारी) will be done, but the present tense in the second clause indicates certainty of the action, i.e. an increase in the chances of success, if the preparation is done.

True or false

Based on the text, are the following statements true or false? Correct them where necessary.

1. इन चार किताबों में से 'शुद्ध हिंदी' सब से महँगी है।
2. भारत में सिर्फ़ कुछ ही भाषाओं में कहानियाँ मिलती हैं।
3. कभी कभी कहानियाँ समाज की समस्याओं के बारे में होती हैं।

4. 'भारतीय श्रेष्ठ कहानियाँ' के दूसरे भाग में ६० कहानियाँ शामिल की गई हैं।
5. हिंदुस्तानी लोग बातचीत में हमेशा शुद्ध हिंदी इस्तेमाल करते हैं।
6. भाषा के ज़रिये आप अपने मन की बात दूसरों तक पहुँचा सकते हैं।
7. आई. आई. टी. के टेस्ट में कामयाब होने के लिए सिर्फ़ मेहनत और लगन की ज़रूरत होती है।
8. कामयाबी के चाँस बढ़ते हैं अगर ढंग से तैयारी हो।
9. मन्नू भंडारी फ़िल्मों में भी आ चुकी हैं।
10. मन्नू भंडारी की कहानियों की भाषा काफ़ी मुश्किल है।

Answer the following questions about the text

1. 'भारतीय श्रेष्ट कहानियाँ' में कितनी भाषाओं की कहानियाँ शामिल की गई हैं?
2. शुद्ध हिंदी इस्तेमाल करने के क्या क्या फ़ायदे हैं?
3. शुद्ध हिंदी की पुस्तक में आज के दौर की हिंदी के बारे में क्या बताया गया है?
4. आई. आई. टी. के टेस्ट में कामयाब होने के लिए उम्मीदवारों को क्या करना चाहिए?
5. मन्नू भंडारी अपने पात्रों को पाठकों के नज़दीक कैसे लाती हैं?

Word activities

Synonyms: Scan the text to find synonyms for the following words. If required use a dictionary to help you.

(a) सब से अच्छा →
(b) किताब →
(c) दाम →
(d) सहायता →
(e) माध्यम →
(f) हिस्सा →

Word derivation: The following words are derivationally related to a word in the text. Scan the text to find the related word.

(a) अशुद्ध	adj.	impure	→
(b) कहानी	f.	story	→
(c) कामयाब	adj.	successful	→
(d) चुनना	vt.	to choose	→
(e) याद	f.	memory	→

Further activities

1. Having read the book reviews would you modify the order of preference you gave in pre-reading question 3? Write a few paragraphs about your choices.
2. Which of the four books reviewed are you most likely to read and why? What are your reasons for not choosing one of the other titles? Discuss your views with a classmate.
3. What kinds of books do you like reading? Based on your answer to pre-reading question 2, write a review of a book of your choice.
4. Bearing in mind the points mentioned in the review of 'आई. आई. टी. में प्रवेश कैसे पाएं' how would you prepare for an exam? Write down your points, and then perform a role play where you give a classmate advice on how to prepare for exams, then reverse roles.

Chapter 6 कंप्यूटर की क्लिक पर रिश्तों की बहार

The author of the article in this chapter, Rati Agnihotri, is a writer who has worked as a radio and online journalist for the South Asian service of Deutsche Welle, Germany's international broadcasting service. This article was published on the Deutsche Welle website.

A number of English words related to surfing the internet which appear in this article, such as 'computer', 'click', and 'website' have become part of the vocabulary of Hindi. As the English words have no grammatical gender, Hindi speakers assign a gender to them so that the words can function grammatically in a Hindi sentence. The gender assigned can be arbitrary, but words that end in an '-ई' sound are often treated as feminine.

Pre-reading

1. What perceptions do you have about matrimonial adverts and online dating?
2. Read the heading and scan the pictures and captions. What can you infer from these? What sense do you get about the article and what do you think the article is about?
3. Read the opening paragraph. Based on this, would you modify your initial inferences?

Text

कहते हैं जोड़ियां तो आसमान में बनती हैं. लेकिन आपके लिए कौन बना और किसके लिए आप बने हैं, ज़मीन पर तो उसे आपको ही तलाशना है. और अब भारत में रिश्ते तलाशने में तेज़ी से मैट्रीमोनियल वेबसाइटों का चलन बढ़ रहा है.

मैट्रीमोनियल वेबसाइटों का बढ़ता चलन

शादी से जुड़ी वेबसाइटों ने तो जीवन साथी चुनने का काम ही आसान बना दिया है. बस बटन दबाइये और आपके सामने आ जाता है सैकड़ों लोगों का ब्यौरा जिसमें से आप अपनी पसंद के व्यक्ति को चुन सकते हैं. भारत में आज ऐसी लगभग सौ वेबसाइटें चल रही हैं. इनमें शादी डॉट कॉम और भारत मैट्रिमनी डॉट कॉम सबसे लोकप्रिय हैं. शादी डॉट कॉम की कामयाबी का अंदाज़ा इसी बात से लगाया जा सकता है कि इस पर एक करोड़ लोग रजिस्टर्ड हैं. इन बड़ी साइटों के अलावा हाल ही में कुछ ऐसी छोटी छोटी साइटों का भी चलन बढ़ा है जो समाज के विभिन्न वर्गों की अलग अलग ज़रूरतों को ध्यान में रखकर बनाई गई

हैं. नई दिल्ली स्थित स्ट्राइकवन एडवरटाइज़िंग ने ऐसी कई साइटें २००६ में शुरू कीं. मिसाल के तौर पर थर्टी प्लस शादी डॉट कॉम नाम की एक साइट तीस की उम्र पार कर चुके लोगों के लिए खासकर बनाई गई है. इस साइट के ज़रिए ऐसे लोग अपना हमउम्र तलाश कर विवाह के बंधन में बंध सकते हैं.

इसके अलावा कॉल सेंटर में काम करने वालों के लिए बीपीओ शादी डॉट कॉम नाम की एक साइट भी शुरू की गई है. भारत में पिछले कुछ सालों से कॉल सेंटरों का चलन बढ़ा है. चूंकि वहां काम करने वाले लोग विदेशी ग्राहकों के संपर्क में रहते हैं, उन्हें अकसर रात को काम करना पड़ता है. इसीलिए वे ऐसा जीवन साथी चाहते हैं जिसका रहन सहन उनसे मिलता जुलता हो.

एचआईवी पॉज़िटिव लोगों के लिए भी हैं अलग सी वेबसाइटें

स्ट्राइकवन एडवरटाइज़िंग के सीईओ संजीव पाहवा विस्तार से समझाते हैं, 'जब हम ने बाज़ार का विश्लेषण किया, तो मालूम हुआ कि बड़ी साइटें मार्केट में खूब नाम कमा रही हैं. हमें लगा कि अगर हम उनको सीधी टक्कर दिए बिना कुछ अलग तरीके की ऐसी साइटें शुरू करें जो लोगों की अलग अलग ज़रूरतों को पूरा कर सकें, तो हम भी मार्केट में अपना नाम बना सकते हैं.' शादी की इन वेबसाइटों का मकसद सिर्फ़ मुनाफ़ा कमाना नहीं है. कुछ ऐसी वेबसाइटें भी हैं जो समाज सुधार की कोशिश में लगी हैं. पॉज़िटिव साथी डॉट कॉम नाम की एक ऐसी ही अनूठी साइट एचआईवी पॉज़िटिव लोगों के लिए बनाई गई है. ऐसे लोगों को अकसर समाज की उपेक्षा झेलनी पड़ती है. यह साइट इन लोगों को संपर्क का एक माध्यम देती है, ताकि वे भी वैवाहिक जीवन का आनंद उठा सकें. इस साइट की शुरुआत २००८ में महाराष्ट्र के अनिल कुमार वलीव ने की थी जो सरकारी सेवा में हैं. वलीव को इस साइट को शुरू करने की प्रेरणा अपने एक एचआईवी पॉज़िटिव दोस्त के जीवन के अनुभवों से मिली थी. भारतीय संस्कृति में विवाह हमेशा से एक सामाजिक आयोजन रहा है. ऐसे में आज भी शादी चाहे इंटरनेट से तय हो या पारंपरिक तरीके से, जीवन साथी चुनने में मां बाप की अहम भूमिका ज्यों की त्यों बनी हुई है. दिल्ली स्थित कॉल सेंटर कर्मचारियों राहुल और मेघना के साथ भी कुछ ऐसा ही हुआ. दोनों बीपीओ शादी के ज़रिए विवाह सूत्र में बंधे. दोनों ने एक दूसरे को पसंद ज़रूर किया लेकिन शादी की सारी बातचीत मां बाप ने ही की. अपनी और मेघना की मुलाकात को राहुल कुछ इस तरह बयान करते हैं: 'मैंने रेडियो पर बीपीओ शादी डॉट कॉम के बारे में सुना. फिर मैंने इस साइट पर लॉग-इन किया और अपना प्रोफ़ाइल बनाया. काफ़ी प्रोफ़ाइलों को देखने के बाद मुझे मेघना का प्रोफ़ाइल पसंद आया. बस मैंने दिलचस्पी ज़ाहिर की और फिर मां बाप ने शादी की सारी बातचीत की.'

रिश्ते भले ही इंटरनेट से होते हैं, लेकिन बना हुआ है शादी का पारंपरिक स्वरूप

इन इंटरनेट साइटों ने भारत में विवाह के पारंपरिक स्वरूप को तो नहीं बदला है लेकिन आज के युवक युवतियों को विवाह सूत्र में बंधने के पहले एक दूसरे को जानने समझने का एक मंच ज़रूर दे दिया है.

Notes

Matrimonials

The placing of matrimonial advertisements in newspapers has been a common way of finding a spouse in India for some time, alongside the use of marriage brokers. With the advent of the Internet, it is becoming common to place adverts online. Traditionally, parents might place an advert in order to find a husband or wife for their child, although increasingly the children might use such adverts themselves. The adverts will often set out the desired attributes of the future spouse, for example, in terms of caste, religion, education, etc.

Hinglish brand names

In this article we see a number of company names containing English words transliterated in Devanagari. It is also common in advertising and the media for Hindi words and names to be transliterated in Roman script. This is particularly apparent in Hindi film posters.

Glossary

रिश्ता	m.	relationship
बहार	f.	spring (season), flourishing, bloom
जोड़ी	f.	couple
आसमान	m.	sky
ज़मीन	f.	earth, land
तलाशना	vt.	to search for
चलन	m.	demand (for goods), trend
जुड़ना	vi.	to be joined
साथी	m.	partner, companion
दबाना	vt.	to press
सैकड़ों	adv.	hundreds
ब्यौरा	m.	details, statement
व्यक्ति	m.	person
लोकप्रिय	adj.	popular
अंदाज़ा	m.	guess, estimate
(का) अंदाज़ा लगाना	vt.	to guess, to estimate

के अलावा	post.	apart from
हाल ही में	adv.	recently
समाज	m.	society
वर्ग	m.	class, social group
स्थित	adj.	situated
मिसाल	m.	example
मिसाल के तौर पर	adv.	for example
के ज़रिए	post.	by means of
हमउम्र	adj.	of the same age
बंधन	m.	tie, bond
बंधना	vi.	to be tied
बीपीओ	abbv.	B.P.O. (Business Process Outsourcing)
विदेशी	adj.	foreign
ग्राहक	m.	customer
संपर्क	m.	contact
रहन सहन	m.	lifestyle, way of living
(से) मिलना जुलना	vi.	to meet; to match, to be similar
विस्तार से	adv.	broadly, in detail
विश्लेषण	m.	analysis
कमाना	vt.	to earn
सीधा	adj.	straight, direct
टक्कर	f.	collision
सीधी टक्कर देना	vt.	to take on directly
मक़सद	m.	reason, cause
मुनाफ़ा	m.	profit
समाज सुधार	m.	social reform
अनूठा	adj.	unique
उपेक्षा	f.	contempt, neglect
झेलना	vt.	to undergo, to endure
माध्यम	m.	medium, means
वैवाहिक	adj.	matrimonial
आनंद	m.	joy, bliss
(का) आनंद उठाना	vt.	to enjoy
सरकारी	adj.	official, governmental
सेवा	f.	service

प्रेरणा	f.	inspiration
अनुभव	m.	experience
आयोजन	f.	organising, planning
चाहे	conj.	even if
पारंपरिक	adj.	traditional
अहम	adj.	important
भूमिका	f.	role
ज्यों की त्यों	adv.	as it is, unaltered
कर्मचारी	m.	worker, employee
विवाह सूत्र	m.	marriage bond
बयान करना	vt.	to describe, to give an account
ज़ाहिर करना	vt.	to explain, to make clear
स्वरूप	m.	form
युवक	m.	young man
युवती	f.	young woman
मंच	m.	stage, platform

Grammar notes

Compulsion: infinitive + होना

In Chapter 2 we saw that the infinitive followed by the auxiliary पड़ना indicates a sense of compulsion equivalent to 'must' or 'have to'. The infinitive followed by the auxiliary होना is another form of conveying compulsion equivalent to 'have to', yet this form implies a milder sense of compulsion than पड़ना in that the compulsion is driven by one's own need rather than an external pressure.

आपको तलाशना है।
You are to find/you have to find.

Perfective participle with बिना

The perfective participle ending in -ए when used with बिना indicates 'without'. In this construction बिना can go either before or after the participle.

हम उनको सीधी टक्कर **दिए बिना** कुछ अलग तरीके की साइटें शुरू करेंगे।
Without taking them on directly, we'll start up some different types of sites.

The verb लगना

The verb लगना has a variety of different meanings, two examples of which can be seen here.

Expressing 'to strike' or 'to seem', where the person performing the action takes को

हमें **लगा** कि . . .
It seemed to us that . . .

Expressing 'to be engaged in'

कुछ ऐसी वेबसाइटें भी हैं जो समाज सुधार की कोशिश में **लगी हैं।**
There are also some such websites which are engaged in social reform.

True or false

Based on the text, are the following statements true or false? Correct them where necessary.

1. स्ट्राइकवन एडवरटाइज़िंग ने बाज़ार का विश्लेषण करके कई साइटें शुरू कीं।
2. शादी की वेबसाइटों का मक़सद सिर्फ़ मुनाफ़ा कमाना ही है।
3. राहुल के माँ बाप ने इंटरनेट पर मेघना को पसंद करके राहुल से बातचीत की।
4. आजकल जीवन साथी चुनने में माँ बाप की भूमिका के लिए कोई जगह नहीं।
5. शादी की साइटों ने भारत में विवाह के पारंपरिक स्वरूप को अभी तक नहीं बदला।

Answer the following questions about the text

1. इस लेख के पहले वाक्य के मुताबिक़ आसमान और ज़मीन पर क्या होता है?
2. लेख के मुताबिक़ भारत में शादी की लगभग कितनी साइटें हैं?
3. लेख में दी गईं साइटों में से अपना हमउम्र तलाशने के लिए कौनसी साइट सब से उचित होगी?
4. बीपीओ में काम करने वालों को अकसर रात को क्यों काम करना पड़ता है?
5. अनिल कुमार वलीव ने कौनसी साइट शुरू की, और इस साइट को शुरू करने की प्रेरणा कहाँ से मिली थी?

Word activities

Synonyms: Scan the text to find synonyms for the following words. If required use a dictionary to help you.

(a) शादी →
(b) वास्तव में →
(c) ज़रिया →
(d) सफलता →
(e) ढूँढ़ना →
(f) उदाहरण →

Word derivation: The following words are derivationally related to a word in the text. Scan the text to find the related word.

(a)	सामाजिक	adj.	social	→
(b)	अहमियत	f.	importance	→
(c)	कामयाब	adj.	successful	→
(d)	बंधन	m.	tie, bond	→
(e)	विदेश	m.	abroad, overseas	→
(f)	परंपरा	f.	tradition	→
(g)	विवाह	m.	marriage	→
(h)	सरकार	f.	government	→
(i)	दिलचस्प	adj.	interesting	→
(j)	i. व्यक्तित्व	m.	personality	→
	ii. व्यक्तिगत	adj.	personal	

Further activities

1. Make a list of the websites mentioned in the article and state what their main purpose is.
2. Write a summary of the article.
3. Based on the information given in the article, what are the steps for finding a partner online? Write a set of instructions based on these steps.
4. According to the article, traditionally parents play an important role in finding a marriage partner for their children. How is this similar or different to your own tradition? Discuss with a classmate and then write an essay on this topic.

Chapter 7 खुशियाँ तमाम हैं - थोड़े से ग़म भी

Kadambini is a Hindi literary magazine which has been published monthly for over 50 years. It produces content on a wide range of subjects including literature, art and culture. The following article from *Kadambini* presents a brief biography of Canadian-born Indian classical dancer Marie Elangovan.

The vocabulary used in this article shows how rich and varied Hindi writing can be, with Sanskritised clusters such as अद्भुत प्राकृतिक सौंदर्य on the one hand and English terms such as कल्चर और फ़ैमिली-ओरिएंटेड on the other.

Pre-reading

1. How much do you know about traditional or classical Indian dance? Have you seen any performances?
2. Look at the pictures and read the heading and introductory paragraph. Based on this make some predictions about what you might find in the article.
3. Skim the text, reading the first line of each paragraph. What would you add to the predictions you just made?

Text

कनाडा के क्यूबक राज्य में जन्मीं फ्रेंच-कैनेडियन मूल की मैरी इलनगोवन सन् 1993 से भारत में रह रही हैं। मैरी ने स्व. के. जे. गोविंदराजन से भरतनाट्यम की शिक्षा ली है। गुरु गोविंदराजन के बेटे मशहूर शास्त्रीय गायक जी. इलनगोवन से विवाह करने के बाद अब वे कार्यक्रम करने के साथ-साथ भरतनाट्यम की शिक्षा भी दे रही हैं।

इस देश में आकर मुझे ऐसे बहुत से अनुभव हुए, जो मेरी यादों के सुखद हिस्से हैं। ऐसी ही एक घटना मुझे याद आ रही है। हम शादी के बाद महाबलीपुरम घूमने गए थे। वहाँ का अद्भुत प्राकृतिक सौंदर्य देखकर लगा कि यहाँ पर मुझे नृत्य करना चाहिए। प्रकृति की छाँव में नृत्य करते हुए वे क्षण कितने अद्भुत और

सुखद होंगे, इसकी कल्पना करके ही मैं रोमांचित हुए जा रही थी। उस समय तो यह संभव नहीं हो सका, लेकिन भगवान को शायद मेरी इच्छा पूरी करनी थी। सन् 2000 में एक कार्यक्रम के सिलसिले में वहाँ दुबारा जाना हुआ और मेरी इच्छा पूरी हो गई। उस कार्यक्रम में बड़ी संख्या में विदेशी पर्यटक भी आए थे। उन्हीं में 4–5 लोग फ्रांँस से भी आए थे। वे मुझसे अंग्रेज़ी में बात करने लगे। लेकिन, जब मैंने उनसे फ्रेंच में बात की तो उनकी हैरानी का ठिकाना नहीं रहा। उन्होंने मुझे बताया कि वे मुझे इंडियन समझ रहे थे। शायद यह मेरे लिए कॉम्पलीमेंट था कि मैं अपनी नृत्य साधना और इस देश में इतना रम चुकी हूँ कि लोग मुझे हिंदुस्तानी समझते हैं।

हिंदुस्तान की संस्कृति और विशेष रूप से भरतनाट्यम से मैं शुरू से ही बहुत ज़्यादा प्रभावित रही हूँ। मेरी यही चाहत मुझे कनाडा से भारत खींच लाई। मैं सन् 1993 में हिंदुस्तान आ गई थी। यह देश वास्तव में बेहद खूबसूरत है। लेकिन, हम इस खूबसरती का आनंद तब तक नहीं ले पाएँगे, जब तक यहाँ के लोंगों से मिलेंगे-जुलेंगे नहीं, उनके खान-पान, भाषा और रीति-रिवाजों को समझेंगे नहीं। इसके लिए हमें किताबों और फ़िल्मों की दुनिया से बाहर निकल कर हकीकत की दुनिया में आना होगा और यही मैंने किया भी। यहाँ आकर मैंने गुरु के. जे. गोविंदराजन से भरतनाट्यम की शिक्षा ली। गुरुजी के आशीर्वाद से ही मैं आज यहाँ तक पहुँच पाई हूँ। जहाँ तक मेरे नृत्य की बात है तो मैं क्लाइमेट चेंज पर नृत्य की प्रस्तुति देने वाली पहली नृत्यांगना हूँ। मेरे कार्यक्रम को डब्ल्यू एच ओ के चेयरपर्सन ने देखा और खूब तारीफ़ भी की। उन्होंने डब्ल्यू एच ओ के लिए मेरे इस कार्यक्रम की एक फ़िल्म भी बनाई। मुझे सबसे अच्छी बात यह लगी कि यहाँ के लोग कल्चर और फ़ैमिली-ओरिएंटेड हैं। यहाँ के लोग बिना माँगे मदद कर देते हैं। यहाँ के लोगों से मुझे बहुत सहयोग और प्यार मिला है।

नृत्य की शिक्षा पूरी करने के बाद गुरुजी के बेटे मशहूर शास्त्रीय गायक जी. इलनगोवन से मेरा विवाह हो गया। विवाह की स्वीकृति लेने के लिए मेरे पति मेरे माता-पिता से मिलने कनाडा गए। उन्होंने सिर्फ़ इतना ही कहा कि यदि तुम दोनों इस शादी से खुश हो तो हमें कोई एतराज़ नहीं है। यहीं नहीं, हिंदुस्तान में बसने के मेरे फ़ैसले पर उनका कहना था कि यदि तुम समझती हो कि इस देश में अपने पति के साथ ज़्यादा बेहतर और सुखी रह सकती हो तो हमें क्या दिक्कत हो सकती है। बस, जो भी फ़ैसला लो सोच-समझ कर पूरे मन से लो। अपने सुखी विवाहित जीवन को देखकर कह सकती हूँ कि मेरा निर्णय गलत नहीं था। आज भी मेरे माता-पिता साल में एक बार हम से मिलने ज़रूर आते हैं।

लेकिन, एक बात जो दुख पहुँचाती है, वह यह है कि पूरी दुनिया भारत को महात्मा गांधी और उनके नॉन वॉयलेंस के कारण याद करती और जानती है, लेकिन यहाँ के लोग गांधीजी के आदर्शों को भूलते जा

रहे हैं। गरीब आदमी और रिक्शेवालों पर ताकतवर आदमी से लेकर पुलिस वाले तक डंडा चला देते हैं और कोई बोलने वाला नहीं है। गांधी के देश में यह देखकर दुख होता है। दुख तो इस बात से भी होता है कि यहाँ लोग अपने शहर, अपने देश को सुंदर, साफ़-सुथरा बनाने में अपनी कोई ज़िम्मेदारी नहीं समझते। वे समझते हैं कि यह तो सरकार का काम है। ट्रैफ़िक का तो इतना बुरा हाल है कि अगर किसी बीमार व्यक्ति को अस्पताल ले जाना हो तो आपका पसीना निकल जाएगा। अगर सरकार तरीके से ट्रैफ़िक लाइन बना भी दे तो भी संदेह है कि लोग उसका पालन करेंगे। ये छोटी-छोटी चीजें हैं जो परेशान करती हैं। हमें कम-से-कम इतना तो सोचना ही चाहिए कि हम कोई ऐसा कार्य न करें, जिससे देश की छवि को नुकसान पहुँचे।

Notes

Bharatnatyam

Bharatnatyam is a form of classical Indian dance originating in Tamil Nadu, believed to be one of the oldest dance forms in India. It is performed by both male and female dancers. There are a number of other popular classical Indian dance forms originating from various parts of India, for example, Kathak (from Uttar Pradesh) and Kathakali (from Kerala).

Mahabalipuram

Mahabalipuram, now known as 'Mamallapuram' is a town in Tamil Nadu south of Chennai. As well as being famous for ancient stone carvings, Mamallapuram hosts an annual dance festival. The backdrop to the open-air dance stage is provided by a monolithic bass-relief sculpture dating back to the seventh century.

Glossary

तमाम	adj.	all, entire
ग़म	m.	sorrow
राज्य	m.	state
मूल	m. & adj.	origin, original
सन्	m./f.	'the year'

स्व.	abbv.	'the late', 'deceased', abbreviation of स्वर्गीय
भरतनाट्यम	m.	Bharatnatyam (a form of classical Indian dance)
शिक्षा	f.	education
शास्त्रीय	adj.	classical
गायक	m.	singer
घटना	f.	incident, event
प्राकृतिक	adj.	natural
सौंदर्य	adj.	beauty
नृत्य	m.	dance
छाँव	f.	shade
क्षण	m.	moment
कल्पना करना	vt.	to imagine
रोमांचित	adj.	thrilled, excited
दुबारा	adv.	again, for the second time
इच्छा	f.	desire
संख्या	f.	number
पर्यटक	m.	tourist
हैरानी	f.	surprise
ठिकाना	m.	fixed place; fixed limit
साधना	f.	practice
रमना	vi.	to be attracted to, to be engrossed in
विशेष रूप से	adv.	especially
प्रभावित	adj.	affected
चाहत	f.	desire, want
खान-पान	m.	food and drink
रीति-रिवाज	m.	customs and practices
हक़ीक़त	f.	reality
आशीर्वाद	m.	blessing
प्रस्तुति	f.	presentation
नृत्यांगना	f.	dancer
तारीफ़	f.	praise
स्वीकृति	f.	acceptance, approval
एतराज़	m.	objection
बसना	vi.	to settle
फ़ैसला	m.	decision

बेहतर	adj.	better
दिक़्क़त	f.	problem, difficulty
आदर्श	m.	ideal
भूलना	vt.	to forget
ताक़तवर	adj.	mighty
से लेकर	post.	from
डंडा	m.	stick, rod
साफ़-सुथरा	adj.	clean and spotless
ज़िम्मेदारी	f.	responsibility
पसीना	m.	sweat
संदेह	m.	doubt
पालन करना	vt.	to adhere to, to obey
छवि	f.	image
नुक़सान	m.	loss

Idioms and expressions

उनकी हैरानी का ठिकाना नहीं रहा।
There was no end to their surprise.

(का) पसीना निकलना lit: to sweat; but here: to get stressed

आपका पसीना निकल जाएगा।
You'll get stressed.

Grammar notes

Compulsion: infinitive + होना

In Chapter 6 we saw the infinitive followed by the auxiliary होना as a form of expressing compulsion. Further examples from the text in this chapter are given below:

भगवान को शायद मेरी इच्छा पूरी **करनी थी**।
Perhaps god was to fulfil my desire.

हमें किताबों और फ़िल्मों की दुनिया से बाहर निकल कर हकीकत की दुनिया में **आना होगा**।
We'll have to exit the world of books and films and come into the world of reality.

Infinitive + वाला

As mentioned in Chapter 1, an oblique infinitive with the suffix वाला can indicate the sense of 'about to', e.g. सोने वाला 'about to sleep'. It can also be used to create adjectival forms based on the verb, or it can form nouns somewhat equivalent to the manner of the English suffix '-er', e.g. बेचने वाला 'seller'; हिंदी बोलनेवाला 'Hindi speaker'.

मैं क्लाइमेट चेंज पर नृत्य की प्रस्तुति **देने वाली** पहली नृत्यांगना हूँ।
I am the first dancer to give a dance presentation on climate change.
(i.e. a 'giver' of a dance presentation)

Imperfective participle + जाना

The imperfective participle with जाना expresses continuity, and can mean 'to go on doing' or 'to keep on doing', with the sense of a gradual progression.

लोग गांधीजी के आदर्शों को भूलते जा रहे हैं।
People go on forgetting Gandhi's ideals.

Perfective participle + जाना

Similar to the imperfective participle with जाना which expresses continuity, the perfective participle ending -ए followed by जाना also expresses continuity, but with a greater sense of intensity.

मैं रोमांचित हुए जा रही थी।
I went on getting excited (unstoppably).

True or false

Based on the text, are the following statements true or false? Correct them where necessary.

1. मैरी इलनगोवन का जन्म सन् 1993 में हुआ।
2. नृत्य की शिक्षा पूरी हुई भी नहीं कि मैरी की शादी अपने गुरुजी के बेटे से हो गई।
3. महाबलीपुरम के कार्यक्रम में विदेशी पर्यटक मैरी को भारतीय समझ रहे थे।
4. मैरी के माता पिता अभी तक भारत नहीं गए।
5. मैरी को इस बात का दुख है कि भारत के लोग गांधीजी के आदर्शों को भूलते जा रहे हैं।

Answer the following questions based on the text

1. मैरी नृत्य के कार्यक्रम करने के साथ-साथ और क्या करती हैं?
2. सन् 2000 में मैरी की कौनसी इच्छा पूरी हो गई?
3. मैरी कनाडा से हिंदुस्तान किस वजह से आईं?
4. डब्ल्यू एच ओ के चेयरपर्सन ने मैरी का कौनसा कार्यक्रम देखा, और उनकी प्रतिक्रया क्या थी?
5. क्या मैरी के माता पिता ने मैरी की शादी को स्वीकार किया? यह बात कैसे स्पष्ट की गई है?

Word activities

Synonyms: Scan the text to find synonyms for the following words. If required use a dictionary to help you.

(a) पल →
(b) इच्छा →
(c) निर्णय →
(d) ज़्यादा अच्छा →
(e) हक़ीक़त →
(f) ख़ूबसरती →
(g) ख़ास तौर से →

Word derivation: The following words are derivationally related to a word in the text. Scan the text to find the related word.

(a) ज़िम्मेदार	adj.	responsible	→
(b) ताक़त	f.	strength	→
(c) नृत्यांगना	f.	dancer	→
(d) प्रभाव	m.	effect, influence	→
(e) प्रकृति	f.	nature	→
(f) प्रस्तुत करना	vt.	to present	→
(g) सुंदर	adj.	beautiful	→
(h) हैरान	adj.	surprised	→
(i) i. विवाहित	adj.	married	→
ii. वैवाहिक	adj.	matrimonial	

Further activities

1. Make a list of the main events in Maric's life in chronological order, then use the list to write a brief biography about Marie.
2. Write a brief of biography of your own life, and include some photos with captions. Present your biography to your classmates.
3. Scanning the text, make a list of the Sanskritic and English terms that appear in the text. Using a dictionary or other sources, try to find more colloquial, day-to-day Hindi equivalent terms or phrases for the items in your list.
4. Do you agree with the following statement that Marie makes about India?

   'यह देश वास्तव में बेहद खूबसूरत है। हम इस खूबसरती का आनंद तब तक नहीं ले पाएँगे, जब तक यहाँ के लोंगों से मिलेंगे-जुलेंगे नहीं, उनके खान-पान, भाषा और रीति-रिवाजों को समझेंगे नहीं।'

   Discuss with your classmates then write a short essay expressing your views.

Chapter 8 सरकारी कामकाज में हिंगलिश

This chapter comprises an item adapted from Radio Russia's Hindi website, and two opinions from the Hindi daily newspaper *Navbharat Times*.

The style of writing in this chapter is typical of newspaper articles, both in print and online, which is often characterised by long, convoluted sentences attempting to cram in as much information as possible.

Pre-reading

1. What do you know about Hinglish? How would you define it?
2. Read the headings and skim read the paragraphs. Based on this, make some predictions about what further information you might find in the articles.

Text

रेडियो रूस

भारत में सरकारी कामकाज में हिंगलिश की इजाज़त

भारत के सरकारी कर्मचारियों को सरकारी कामकाज में अंग्रेज़ी मिश्रित हिंदी लिखने की इजाज़त दी गई है क्योंकि हिंदी के कुछ कठिन और कम प्रचलित शब्दों से लोगों को परेशानी हो रही थी।

टाईम्स आफ़ इंडिया समाचार-पत्र ने बृहस्पतिवार को सूचित किया है कि भारत के गृह-मंत्रालय के राजभाषा विभाग ने उन शब्दों की एक सूची प्रकाशित की है, जिनके लिए हिंदी भाषा में कोई शब्द आसानी से नहीं मिलता। समाचार-पत्र के अनुसार अभी तक सरकारी अधिकारियों को अंग्रेज़ी के 'हायर एजुकेशन', 'टिकट', 'स्टेशन', 'पुलिस' और ऐसे ही दूसरे शब्दों के हिंदी शब्द ढूँढ़ने में कठिनाई होती थी, और 'कुंजीपटल' और 'संगणक' के स्थान 'की-बोर्ड' और 'कम्प्यूटर' जैसे आम तौर पर प्रयोग होने वाले अंग्रेज़ी शब्दों का प्रयोग करने का सुझाव दिया गया है।

भारत के गृह-मंत्रालय में तैयार किए गए इस निर्णय के अनुसार अब शुद्ध हिंदी का प्रयोग सिर्फ़ साहित्यिक उद्देश्यों से ही किया जाएगा। अब सरकारी कामकाज की भाषा में 'हिंगलिश' का प्रयोग करना अधिक व्यावहारिक और सहज होगा।

नवभारत टाइम्स
पहला मत - इससे हिंदी का दायरा बढ़ेगा

भाषा का काम होता है बात को पहुँचाना। वह एक माध्यम है। यदि वह इतनी कठिन लगने लगे कि समझ में ही न आए तो उसे बदलना चाहिए। शायद इसीलिए गृह-मंत्रालय ने हाल में यह निर्णय लिया है कि अब सरकारी कामकाज के नोट्स तैयार करते समय आम अंग्रेज़ी शब्दों का इस्तेमाल करना पड़े तो उन्हें आप देवनागरी लिपि में लिख सकते हैं, जैसे 'कुंजीपटल' को 'की-बोर्ड'। यह एक स्वागत योग्य कदम है, और इससे रोज़मर्रे के सरकारी कामकाज की भाषा आसान और समझ में आने वाली हो जाएगी। अब कठिन और समझ में न आ सकने वाले संस्कृतनिष्ठ शब्दों का प्रयोग कम होता जाएगा और कर्मचारी राहत महसूस करेंगे। सरकारी अधिकारियों और अनुवादकों को शब्दकोशों की शरण में नहीं जाना पड़ेगा।

काम के दौरान वे भाषा के स्तर पर किताबी कम और व्यावहारिक अधिक नज़र आएँगे। इससे आसानी से समझ में आ सकने वाली एक नई शब्दावली का विकास तो होगा ही, सरकारी भाषा ज़्यादा जानदार और आसान भी बन सकेगी। हो सकता है, इससे भाषा को शुद्ध बनाने के समर्थकों की भौंहें तन जाएँ, लेकिन नई पीढ़ी तो इसका स्वागत ही करेगी। सब जानते हैं कि हमारे देश की कई भाषाओं के शब्द तो ऑक्सफ़र्ड डिक्शनरी तक में शामिल कर लिए गए हैं। समय के साथ बदलते रहना किसी भी भाषा के लिए बहुत ज़रूरी है। इससे हिंदी की शब्दावली तो बढ़ेगी ही, वह अधिक व्यवहार में भी लाई जाएगी।

नवभारत टाइम्स
दूसरा मत - कहीं अस्तित्व ही संकट में न पड़ जाए

ऐसा आदेश एक बार सन् 1976 में भी जारी हुआ था। लेकिन मुझे 'हिंगलिश' शब्द पसंद नहीं आता। हिंदी को हिंदी ही रहने दें। और तो और, 'हिंदी' शब्द ही बाहर से आया है। आप हर भाषा के शब्द ले सकते हैं, लेकिन इसे हिंदी का व्यापक रूप कहा जाए। संविधान में कहा गया है कि हिंदी को उदार बनाया जाए, लेकिन इसका यह अर्थ नहीं है कि हमारी हिंदी में जो शब्द पहले से मौजूद हैं, उन्हें प्रयोग न किया जाए। अब आप बताइए, दिल्ली में मेट्रो का एक स्टेशन बनाया गया है, 'यमुना बैंक' जो मुझे ठीक नहीं लगा। इसे यदि 'यमुना तट' या 'यमुना किनारा' कहा जाता तो ज़्यादा सही होता। 'बैंक' से आम आदमी सीधा अर्थ यही लेता है कि बैंक वह जगह है जहाँ से पैसा निकाला या जमा किया जाता है। आप देखिए, 'अक्षरधाम' स्टेशन भी है, कितना अच्छा लगता है। कोई यह कहे कि हमारी हिंदी भाषा उदार नहीं है तो यह बिलकुल गलत होगा। हिंदी ने तो अब तक दूसरी भाषाओं से बराबर शब्द लिए ही हैं। जो शब्द समाज में प्रचलित हो जाते हैं, उन्हें हिंदी अपना लेती है। 'ज़रूर', 'इस्तेमाल', 'क़िला' और इन जैसे कितने ही शब्द दूसरी और बाहर से आई भाषाओं से हमने खूब लिए हैं। ये हमारी आम बोलचाल में भी शामिल हुए हैं।

कबीर ने कहा है कि भाषा बहता नीर है, तो यह बिलकुल ठीक कहा है, लेकिन मैं यह ज़रूर कहना चाहूँगा कि हम इतने उदार न हो जाएँ कि हमारी भाषा का अस्तित्व ही संकट में पड़ जाए।

Notes

Official language of India

Hindi is the official language of India. The *Rājbhāṣā Vibhāg* or Department of Official Language of the Government of India was set up in 1975 with the purpose of promoting the use of Hindi for official purposes under the provisions of the Official Languages Act, 1963.

Kabir

Kabir is a famous Hindi mystic poet, believed to be born in the fifteenth century. His work is of spiritual significance to Hindus, Muslims and Sikhs alike. He has played an important role in the history of Hindi literature and is known for his use of the vernacular in his poetry.

Glossary

कामकाज	m.	workings, operations
इजाज़त	f.	permission
मिश्रित	adj.	mixed
प्रचलित	adj.	in use, current
परेशानी	f.	trouble, distress
समाचार-पत्र	m.	newspaper
सूचित करना	vt.	to inform
मंत्रालय	m.	ministry
गृह-मंत्रालय	m.	Home Ministry
राजभाषा	f.	official language
विभाग	m.	department
सूची	f.	list
प्रकाशित करना	vt.	to publish
अधिकारी	m.	here: official, officer
के स्थान	post.	in place of
(का) प्रयोग होना	vi.	to be used
(का) प्रयोग करना	vt.	to use
सुझाव	m.	suggestion
साहित्यिक	adj.	literary

उद्देश्य	m.	purpose
व्यावहारिक	adj.	practical
मत	m.	opinion, view
दायरा	m.	circle, range
बदलना	vt.	to change
हाल में	adv.	recently
लिपि	f.	script
स्वागत	m.	welcome
(के) योग्य	adj.	worthy (of), suitable (for)
क़दम	m.	step
रोज़मर्रा	adv. & m.	daily; the daily round
संस्कृतनिष्ठ	adj.	Sanskritic
अनुवादक	m.	translator
शब्दकोश	m.	dictionary
शरण	f.	refuge
के दौरान	post.	during
स्तर	m.	level
किताबी	adj.	bookish
शब्दावली	f.	vocabulary
विकास	m.	development
जानदार	adj.	lively
समर्थक	m.	supporter
भौंह	f.	eyebrow
तनना	vi.	to be made taut, to be stretched
(की) भौंहें तनना	vi.	the brows to be knitted (in anger or irritation), to frown
व्यवहार	m.	practice, usage
अस्तित्व	m.	existence
संकट	m.	difficulty, danger
आदेश	m.	order, ruling
जारी होना	vi.	to come into force, to come into use
और तो और	adv.	and then, others apart, besides
बाहर	adv.	here: abroad
व्यापक	adj.	extensive, broad, vast
संविधान	m.	constitution

उदार	adj.	inclusive, liberal, generous
अर्थ	m.	meaning
जमा करना	vt.	to save, to deposit
बोलचाल	f.	talk, speech
कबीर	pn.	Kabīr: a mystic Hindi poet born in the fifteenth century
नीर	m.	water, liquid
ख़तरा	m.	danger

Grammar notes

Hypothetical or unfulfilled conditions

As seen in Chapter 3, when the imperfective participle without any auxiliary is used in both the 'if' (अगर or यदि) and the 'then' (तो) clause, it indicates a hypothetical condition.

यदि इसे 'यमुना किनारा' कहा **जाता** तो ज़्यादा सही **होता**।
If it was called *yamunā kinārā* then it would be more correct.

Imperfective participle with रहना

In Chapter 7 we saw the use of the imperfective participle with जाना to express continuity. The use of the imperfective participle with रहना expresses repetition or continuity, giving the sense of 'to keep on doing' or 'to continue doing'.

संस्कृतनिष्ठ शब्दों का प्रयोग कम **होता जाएगा**।
The use of Sanskritic words will go on getting less.

समय के साथ **बदलते रहना** किसी भी भाषा के लिए ज़रूरी है।
To keep on moving with time is necessary for any language.

Imperfective participle + समय

The imperfective participle ending in -ते when followed by समय or वक़्त expresses 'at the time of' or 'while'.

वे नोट्स तैयार **करते समय** आम अंग्रेज़ी शब्दों को देवनागरी लिपि में लिख सकते हैं।
At the time of/while preparing notes they can write common English words in Devanagari script.

Subjunctive expressing possibility

Certain words and phrases that express possibility (e.g. 'it could be', 'it is possible') will be followed by a subordinate clause which uses the subjunctive form of the verb.

हो सकता है (कि) इस से भाषा को शुद्ध बनाने के समर्थकों की भौंहें तन जाएँ।
It could be that the supporters of making the language pure will frown.

Relative clauses relating to 'location' with जहाँ . . . वहाँ

Relative clauses relating to 'location' follow the pattern जहाँ . . . वहाँ, with जहाँ introducing the relative clause which is paired with a correlative clause beginning with वहाँ. The following example from the text is a reversed relative clause, i.e. the वहाँ clause comes first. Furthermore, in this example वहाँ is replaced with an alternative expression for a location, namely 'वह जगह'.

बैंक **वह जगह** है **जहां** से पैसा निकाला जाता है।
A bank is that place from where money is taken out.

True or false

Based on the text, are the following statements true or false? Correct them where necessary.

1. हिंदी के उन शब्दों की एक सूची प्रकाशित की गई है, जिनके लिए हिंदी भाषा में कोई शब्द मुश्किल से ही मिलता है।
2. भारत के गृह-मंत्रालय के अनुसार अब शुद्ध हिंदी का प्रयोग किसी कार्य में नहीं किया जाएगा।
3. भाषा बात पहुँचाने का एक माध्यम होती है।
4. हिंगलिश का प्रयोग करने से संस्कृतनिष्ठ शब्दों का प्रयोग कम होता जाएगा जिससे कर्मचारियों को राहत मिलेगी।
5. अंग्रेज़ी मिश्रित हिंदी, यानी 'हिंगलिश', प्रयोग करने का आदेश एक बार पहले भी जारी हुआ था।

Answer the following questions based on the text

1. सरकारी कामकाज में हिंगलिश लिखने की इजाज़त क्यों दी गई है?
2. नवभारत टाइम्स के पहले मत के अनुसार, भाषा को कब बदलना चाहिए?
3. सरकारी कामकाज में हिंगलिश का प्रयोग करने से अनुवादकों पर क्या प्रभाव पड़ेगा?
4. दूसरे मत के लेखक को 'यमुना बैंक' मेट्रो स्टेशन का नाम क्यों पसंद नहीं?
5. अगर हिंदी भाषा ज़्यादा उदार हो जाए तो इसमें खतरा क्या है?

Word activities

Synonyms: Scan the text to find synonyms for the following words. If required use a dictionary to help you.

(a) मतलब →
(b) मुश्किल →
(c) तलाशना →
(d) जगह →
(e) इस्तेमाल करना →
(f) फ़ैसला →
(g) दिखाई देना →
(h) ज़्यादा →

Word derivation: The following words are derivationally related to a word in the text. Scan the text to find the related word.

(a)	अनुवाद	m.	translation	→
(b)	कठिन	adj.	difficult	→
(c)	परेशान	adj.	troubled, distressed	→
(d)	मंत्री	m.	minister	→
(e)	साहित्य	m.	literature	→
(f)	आसान	adj.	easy	→
(g)	सामाजिक	adj.	social	→
(h)	व्यावहारिक	adj.	practical	→
(i)	शब्द	m.	word	→

Further activities

1. Based on the opinions expressed in the *Navbharat Times*, make a list of five reasons in favour of the use of Hinglish.
2. Write a summary in three or four sentences of the second opinion expressed in the *Navbharat Times*.
3. Which of the two points of view expressed in the *Navbharat Times* are you more in favour of? Write a brief account giving reasons for your opinion and then discuss your argument with a classmate.
4. Using the keyword 'हिंगलिश' browse the internet for some more articles to read about Hinglish. Discuss your findings with your classmates.

Chapter 9 ज़िंदगी न मिलेगी दोबारा

The film *Zindagi Na Milegi Dobara*, released in 2011, is about three best friends who go on a road trip across Spain. The film was produced by and stars Farhan Akhtar, who has made several films which portray characters who lead a city-oriented lifestyle. The language in the film is reflective of the code-switching style of Hindi spoken by members of the urban middle-class whose speech is heavily peppered with English words and phrases. The dialogue in this excerpt is from the scenes at the start of the film.

Pre-reading

1. Skim the text, focusing on the commentary given in italics to try and get the gist of the narrative of the scenes.
2. Based on the gist, make some predictions about what might happen in the scenes.

Text

पहला दृश्य - बैक-ग्राउंड में रूमानी संगीत. शाम का वक़्त है. बग़ीचे के सामने, बरामदे पर एक लड़का (कबीर) एक लड़की (नताशा) के सामने घुटनों के बल झुका हुआ है.

कबीर: Will you marry me?
नताशा: कबीर, प्लीज़ (please).
कबीर: OK, will you marry me . . . please?
नताशा: क्यों कह रहे हो?
कबीर: क्योंकि आज नहीं तो कल होना ही है. हम एक दूसरे को चाहते हैं. हमारी फ़ैमिलीज़ (families) भी एक दूसरे को टॉलरेट (tolerate) भी कर लेती हैं. मैं इमारतें बनाता हूँ, तुम इंटीरिअर डिज़ाईनर (interior designer) हो. We're perfect.

कबीर हाथ में अंगूठी पकड़े हुए है. अपना हाथ नताशा की ओर बढ़ाता है.

कबीर: What do you say?
नताशा: Are you sure?
कबीर: नताशा, प्लीज़ (please) जल्दी हाँ या ना कह दो. My knee is hurting.
नताशा (हँसते हुए, और ज़ोर से): हाँ.

कबीर नताशा को अंगूठी पहनाता है और वे दोनों एक दूसरे को गले से लगते हुए एक दूसरे को चूमते हैं.

अगला दृश्य - कबीर और नताशा एक पार्टी में एक दूसरे के साथ स्लो-डाँस (slow-dance) कर रहे हैं. पार्टी के बाक़ी मेहमान उन दोनों को देखते हुए ख़ुशी से तालियाँ बजा रहे हैं. इस के बाद, मेहमान बैठे हुए दिखाई देते हैं. नताशा के पिता खड़े होकर बात कर रहे हैं.

नताशा के पिता: कल की बात लगती है जब मेरी बेटी नताशा पैदा हुई थी. और आज उसकी मंगनी है. कबीर बेटा मैंने मेरी बेटी नहीं खोई. मैंने एक बेटा पाया है.

सब लोग फिर से तालियाँ पीटते हुए वाहवाही करते हैं.

कबीर के पिता: आज से दो साल पहले आप ने मुझे अपना होटल बनाने का कोंट्रेक्ट (contract) दिया था. किसे मालूम था कि one day we'll be a big family. आप सब लोगों का हमारी फ़ैमिली (family) में बहुत बहुत स्वागत.

एक बार फिर से तालियाँ.

कबीर की माँ अपने बेटे को एक अंग्रेज़ी गाना सुनाती हैं. सब लोग फिर से तालियाँ बजाकर वाहवाही करते हैं. कबीर का जिगरी दोस्त इमरान खड़ा होता है.

इमरान: Hello everyone, मेरा नाम इमरान है. कबीर और मैं स्कूल में साथ थे.
कबीर के पिता (ज़ोर से): The Three Musketeers!

लोगों से तालियाँ और हँसी.

इमरान: That's right. यह नाम अंकल ने हम तीनों का रखा था. The Three Musketeers. Unfortunately हमारा तीसरा musketeer अर्जुन आज हमारे बीच नहीं है.
आदमी 1 (अफ़सोस से): ओह.
इमरान: Don't worry about it. वह ज़िंदा है, बस आज यहाँ नहीं है. *(हँसता है, और सब लोग भी हँसते हैं)*. एनीवे (anyway) नताशा, कबीर इस दुनिया के सब से अच्छे इंसानों में से एक है. तो कहीं तुमने उसकी बी-एम-डबलयू (BMW) ठोक-वोक दी don't worry about it. *(सब की ओर से हँसी और तालियाँ)*. इंटेलिजेंट (intelligent) भी है. तो बच्चों की होम-वर्क (home-work) भी इसी से ही करवाना. *(हँसी और तालियाँ)*. बहुत बहुत बहुत बड़ा दिल है इसका. तो बिना कोई फ़िक्र किए जितने भी डाइमंड्ज़ (diamonds) खरीदने हैं खरीद लो. *(मेहमानों की ओर से ज़ोर से हँसी और तालियाँ)*. Basically, Natasha, Kabir is a solid guy. तुम बस उसका हाथ थामो, उसके साथ चलो . . . क्योंकि कुछ भी हो जाए, वह तुम्हारा दिल नहीं तोड़ेगा.

सब लोगों की ओर से एक साथ ही एक 'आह'

कबीर: Thank you.
इमरान: चेक भिजवा देना.

अगला दृश्य - नताशा अपनी सहेलियों के साथ एक कमरे में है. अपने कपड़े संवार रही है.

सहेली 1: By the way, let me warn you. निखिल एक बैचलर पार्टी (bachelor party) प्लैन (plan) कर रहा है.
सहेली 2: Too late, उसके स्कूल फ्रेंड्ज़ (friends) ने एक बैचलर हॉलीडे (holiday) प्लैन कर रखा है. रोड-ट्रिप (road-trip) . . . स्पेन में.

सहेली 1: रोड-ट्रिप?
नताशा: Don't ask babe. उन्होंने कॉलेज में एक पैक्ट (pact) बनाया था कि हर एक अपनी मर्ज़ी का अड्वेंचर सपोर्ट (adventure sport) चूज़ (choose) करेगा.
सहेली 1: Are you serious? वह 'खतरों का खिलाड़ी' टाइप (type)?
नताशा: Exactly. पर बाकी दोनों को उस में पार्टिसीपेट (participate) करना ही होगा.

दृश्य हमें पार्टी पर वापिस ले जाता है, जहाँ लड़कों की बातचीत हो रही है.

दोस्त 1: तूने क्या चूज़ किया?
कबीर: वह मैं नहीं कह सकता.
इमरान: अरे बेसिकली (basically) मेरे सामने नहीं कह सकता. You see, हम जो भी स्पोर्ट चूज़ करें, वह बाकी दोनों के लिए सरप्राइज़ (surprise) होना चाहिए.
दोस्त 1: Shut up, are you kidding me?
कबीर: No. एक बार वहाँ पहुँच गए तो क्या बहाना बनाओगे? वैसे आइडिया (idea) किसका था?
इमरान: मेरा.

फिर लड़कियों वाला दृश्य.

सहेली 1: तीन हफ़्ते! You know how boys are?
नताशा: Not Kabir.
सहेली 1: Oh please! बैचलर पार्टीज़ में सब पागलों की तरह बीहेव (behave) करते हैं. In fact निखिल मुझे आज तक ठीक जवाब नहीं देता जब मैं उस से पूछती हूँ कि वहाँ हुआ क्या था . . . I don't know.

अगला दृश्य - लन्दन की ऊँची इमारतों का एक दृश्य दिखाई देता है, और अर्जुन की आवाज़ सुनाई देती है.

अर्जुन: You know time equals money, Simon. You want money? Stop wasting my time.

अर्जुन लन्दन के एक बैंक के दफ़्तर में ट्रेडिंग फ़्लोर (trading floor) पर नज़र आता है. फ़ोन पर किसी ट्रेडर से कुछ डील्ज़ (deals) की बात हो रही है. इतने में कबीर का फ़ोन आता है, लेकिन अर्जुन व्यस्त होने के कारण फ़ोन उठा नहीं सकता.

अगला दृश्य - अर्जुन कबीर को फ़ोन करता है.

अर्जुन: कबीर, sorry man, you have no idea यहाँ क्या हो रहा है.
कबीर: Man, you have no idea तूने कितनी अच्छी पार्टी मिस (miss) की थी.
अर्जुन: I'm sure man, अच्छा listen, I have a problem. मैं स्पेन नहीं आ सकता.
कबीर: What! अर्जुन यार you promised.
अर्जुन: I know, I know, but जिस डील पे मैं काम कर रहा हूँ, I thought वह अब तक फ़ाइनलाइज़ (finalise) हो जाएगा, लेकिन . . . I'm stuck.
कबीर: I can't believe this, तू मेरी बैचलर ट्रिप पे मुझे टाँग दे रहा है.
अर्जुन: ऐसी बात नहीं है यार.
कबीर: तो फिर कैसी बात है? यही एक चीज़ डिसाइड (decide) की थी हमने कि हम एक साथ करेंगे. अगर तू नहीं आ सकता तो मैं यह ट्रिप कैंसल (cancel) कर देता हूँ.
अर्जुन: तू तो सेंटी क्यों हो रहा है यार. It's my work.
कबीर: मैं सेंटी नहीं हो रहा हूँ. एक बार पहले भी यह कैंसल हो चुकी है तो फिर एक बार और सही. It's fine. जाएँगे तो तीनों साथ जाएँगे, वरना . . . just let it be, OK?

Notes

Urban youth style of speaking Hindi/Hinglish

It is increasingly common in India, particularly among the urban youth, to mix English words when speaking Hindi. Hinglish (a hybrid of English and Hindi) is also common on TV and film and in advertising.

Glossary

दोबारा	adv.	again, for a second time (दुबारा)
दृश्य	m.	scene
रूमानी	adj.	romantic, sentimental
बग़ीचा	m.	garden
बरामदा	m.	veranda, porch
घुटना	m.	knee
(के) बल	post.	resting (on)
झुकना	vi.	to bow, to bend
चाहना	vt.	here: to love
अंगूठी	f.	ring

बढ़ाना	vt.	here: to extend
हँसना	vi.	to laugh
पहनाना	caus.	to have someone wear (something), to put on to (someone)
गला	m.	throat, neck
गले से लगना	vi.	to embrace
चूमना	vt.	to kiss
मेहमान	m.	guest
ताली	f.	clap
तालियाँ बजाना/पीटना	vt.	to clap
दिखाई देना	vi.	to be seen, to appear
पैदा होना	vi.	to be born
मंगनी	f.	engagement
खोना	vt.	to lose, to misplace
वाहवाही करना	vt.	to cheer
जिगरी दोस्त	m.	close friend
अफ़सोस	m.	regret, sorrow
इंसान	m.	human being
ठोकना	vt.	to strike, to crash (e.g. to crash a car)
करवाना	caus.	to get (something) done
(के) बिना	post.	without
फ़िक्र	f.	worry, concern
ज़ोर से	adv.	with force, loudly
थामना	vt.	to clutch, to seize
तोड़ना	vt.	to break
भिजवाना	caus.	to get (something) sent
संवारना	vt.	to adjust, arrange
मरज़ी	f.	choice, desire
खिलाड़ी	m.	player, sportsman
ख़तरों का खिलाड़ी		the name of a sports/stunt reality game show based on the American show *Fear Factor*
बातचीत	f.	talking, chit-chat
बहाना	m.	excuse
पागल	m. & adj.	crazy
जवाब	m.	answer

(को) सुनाई देना	vi.	to be heard
व्यस्त	adj.	busy
पे	post.	पर (informal usage)
टाँग	f.	leg
टाँग देना	vt.	to kick
सेंटी	sl.	sentimental
वरना	conj.	else, otherwise
संवाद	m.	dialogue
ज़िक्र	m.	mention

Idioms and expressions

(का) बड़ा दिल होना: to have a big heart, to be generous

इसका बहुत बड़ा दिल है।
He's very generous.

टाँग देना: to ignore, to dismiss, to 'give the boot'

तू मेरी बैचलर ट्रिप पे मुझे टाँग दे रहा है।
You're dismissing me on my bachelor trip.

Grammar notes

Participles

The perfective participle and imperfective participle can be used as adjectives or adverbs. Generally when used in this way they are followed by the auxiliary हुआ, हुए or हुई

लड़का **झुका हुआ** है।
The boy is kneeling.

लड़का हाथ में अंगूठी **पकड़े हुए** है।
The boy is holding a ring in his hand.

बाकी मेहमान उन दोनों को **देखते हुए** तालियाँ बजा रहे हैं।
The remaining guests, whilst looking at the two of them, are clapping.

Future conditions

Using the perfect tense in the 'if' (अगर) clause generally indicates a supposition, i.e. 'suppose that . . .' The following example is a colloquial usage based on this construction, with no explicit 'if' mentioned.

एक बार वहाँ **पहुँच गए** तो क्या बहाना बनाओगे?
Once you get there, what excuse will you make?

True or false

Based on the text, are the following statements true or false? Correct them where necessary.

1. नताशा और कबीर के परिवार एक दूसरे को पसंद नहीं करते, और इसके बावजूद नताशा और कबीर शादी करना चाहते हैं।
2. अर्जुन ने अपने दोस्तों का नाम 'The Three Musketeers' रखा था।
3. तीनों दोस्तों ने कॉलेज में ही एक बैचलर ट्रिप पर जाने की योजना बनाई थी।
4. अर्जुन की यह समस्या है कि उसकी कोई डील पक्की न होने की वजह से वह अब स्पेन नहीं जा पाएगा।
5. जब कबीर ने अर्जुन को फ़ोन किया तो उन दोनों की बात नहीं हुई क्योंकि अर्जुन ने, व्यस्त होने के कारण, फ़ोन नहीं उठाया।

Answer the following questions based on the text

1. कबीर के घुटने में दर्द क्यों हो रहा है?
2. संवाद के आधार पर, आपके विचार में कबीर के पिता क्या काम करते होंगे?
3. संवाद में कबीर के किन किन गुणों का ज़िक्र किया गया है जिन का फ़ायदा नताशा को उठाना चाहिए?
4. इमरान किस वजह से एक चेक माँगता है?
5. कबीर अपनी स्पेन की ट्रिप को कैंसल करने के लिए क्यों तैयार है?

Word activities

Synonyms: Scan the text to find synonyms for the following words. If required use a dictionary to help you.

(a) उत्तर →
(b) चिंता →
(c) दोस्त →
(d) नज़र आना →

Word derivation: The following words are derivationally related to a word in the text. Scan the text to find the related word.

(a)	हँसना	vi.	to laugh	→
(b)	चुंबन	m.	kiss	→
(c)	ख़तरनाक	adj.	dangerous	→
(d)	सुनना	vt.	to listen to	→
(e)	करना	vt.	to do	→
(f)	भेजना	vt.	to send	→
(g)	खेल	m.	game	→

Further activities

1. Write a synopsis of the scenes presented in this chapter.
2. What happens next? Continue writing the dialogue for some more scenes. Try using the same style of language as the original.
3. Role play some of the scenes from the excerpt above with a classmate and include the scene(s) that you have written.
4. If you were to make travel plans with friends where would you go and what would you do? Write a short essay.

Chapter 10 चूहा और मैं

The following short story was written by Harishankar Parsai (1924–95) who is best known for his satirical and humorous writing. Parsai produced a vast body of work, including short stories and novels. He was a winner of the Sahitya Akademi Award, a prestigious literary honour. In many of his works Parsai captures social and political realities faced by the middle classes, and often raises poignant questions about society. Readers of his works find that many of the issues that he has raised in the past remain relevant to contemporary society.

Pre-reading

1. As the title suggests, the story is about a mouse. What characteristics and typical behaviour would you expect from a household mouse?
2. Skim read the first half of the story by reading the first two short paragraphs of the story and the first line of subsequent paragraphs. Make some predictions about what will happen in the story.

Text

यह कहानी स्टीन बेक के लघु उपन्यास 'आफ़ मेन एण्ड माउस' से अलग है।

चाहता तो लेख का शीर्षक 'मैं और चूहा' रख सकता था। पर मेरा अहंकार उस चूहे ने नीचे कर दिया है। जो मैं नहीं कर सकता, वह यह मेरे घर का चूहा कर लेता है। जो इस देश का सामान्य आदमी नहीं कर पाता, वह इस चूहे ने मेरे साथ करके बता दिया।

इस घर में एक मोटा चूहा है। जब छोटे भाई की पत्नी थी, तब घर में खाना बनता था। इस बीच पारिवारिक दुर्घटनाओं - बहनोई की मृत्यु आदि - के कारण हम लोग बाहर रहे।

इस चूहे ने अपना यह अधिकार मान लिया था कि मुझे खाने को इसी घर में मिलेगा। ऐसा अधिकार आदमी भी अभी तक नहीं मान पाया, चूहे ने मान लिया है।

लगभग पैंतालिस दिन घर बंद रहा। मैं जब अकेला लौटा, और घर खोला, तो देखा कि चूहे ने काफ़ी 'क्राकरी' फ़र्श पर गिराकर फोड़ डाली है। वह खाने की तलाश में भड़भड़ाता होगा। क्राकरी और डब्बों में खाना तलाशता होगा। उसे खाना नहीं मिला होगा, तो वह पड़ोस में कहीं कुछ खा लेता होगा और जीवित रहता होगा। पर घर उसने नहीं छोड़ा। उसने इसी घर को अपना घर मान लिया था।

जब मैं घर में घुसा, बिजली जलाई, तो मैंने देखा कि वह खुशी से चहकता हुआ यहाँ से वहाँ दौड़ रहा है। वह शायद समझ गया कि अब इस घर में खाना बनेगा, डब्बे खुलेंगे और उसकी खुराक उसे मिलेगी।

दिन भर वह आनंद से सारे घर में घूमता रहा। मैं देख रहा था। उसके उल्लास से मुझे अच्छा ही लगा।

पर घर में खाना बनना शुरू नहीं हुआ। मैं अकेला था। बहन के यहाँ, जो पास में ही रहती है, दोपहर को भोजन कर लेता। रात को देर से खाना खाता हूँ, तो बहन डब्बा भेज देती रही। खाकर मैं डब्बा बंद करके रख देता। चूहाराम निराश हो रहे थे। सोचते होंगे - यह कैसा घर है। आदमी आ गया है। रोशनी भी है। पर खाना नहीं बनता। खाना बनता तो कुछ बिखरे दाने या रोटी के टुकड़े उसे मिल जाते।

मुझे एक नया अनुभव हुआ। रात को चूहा बार-बार आता और सिर की तरफ़ मच्छरदानी पर चढ़कर कुलबुलाता। रात में कई बार मेरी नींद टूटती। मैं उसे भगाता। पर थोड़ी देर बाद वह फिर आ जाता और मेरे सर के पास हलचल करने लगता।

वह भूखा था। मगर उसे सिर और पाँव की समझ कैसे आई? वह मेरे पाँवों की तरफ़ गड़बड़ नहीं करता था। सीधे सिर की तरफ़ आता और हलचल करने लगता। एक दिन वह मच्छरदानी में घुस गया।

मैं था बड़ा परेशान। क्या करूँ? इसे मारूँ और यह किसी अलमारी के नीचे मर गया, तो सड़ेगा और सारा घर दुर्गन्ध से भर जाएगा। फिर भारी अलमारी हटाकर इसे निकालना पड़ेगा।

चूहा दिन भर भड़भड़ाता और रात को मुझे तंग करता। मुझे नींद आती, मगर चूहाराम फिर मेरे सिर के पास भड़भड़ाने लगते।

आखिर एक दिन मुझे समझ में आया कि चूहे को खाना चाहिए। उसने इस घर को अपना घर मान लिया है। वह चूहे के अधिकारों के प्रति सचेत है। वह रात को मेरे सिरहाने आकर शायद यह कहता है - 'क्यों बे, तू आ गया है। भर पेट खा रहा है। मगर मैं भूखा मर रहा हूँ। मैं इस घर का सदस्य हूँ। मेरा भी हक है। मैं तेरी नींद हराम कर दूँगा।' तब मैंने उसकी माँग पूरी करने की तरकीब निकाली।

रात को मैंने भोजन का डब्बा खोला, तो पापड़ के कुछ टुकड़े यहाँ-वहाँ डाल दिए। चूहा कहीं से निकला और एक टुकड़ा उठाकर अलमारी के नीचे बैठकर खाने लगा। भोजन पूरा करने के बाद मैंने रोटी के कुछ टुकड़े फ़र्श पर बिखरा दिए। सुबह देखा कि वह सब खा गया है।

एक दिन बहन ने चावल के पापड़ भेजे। मैंने तीन-चार टुकड़े फ़र्श पर डाल दिए। चूहा आया, सूँघा और लौट गया। उसे चावल के पापड़ पसन्द नहीं। मैं चूहे की पसन्द से चमत्कृत रह गया। मैंने रोटी के कुछ टुकड़े डाल दिए। वह एक के बाद एक टुकड़ा लेकर जाने लगा।

अब यह रोज़मर्रे का काम हो गया। मैं डब्बा खोलता, तो चूहा निकलकर देखने लगता। मैं एक-दो टुकड़े डाल देता। वह उठाकर ले जाता। पर इतने से उसकी भूख शांत नहीं होती थी। मैं भोजन करके रोटी के टुकड़े फ़र्श पर डाल देता। वह रात को उन्हें खा लेता और सो जाता।

इधर मैं भी चैन की नींद सोता। चूहा मेरे सिर के पास गड़बड़ नहीं करता।

फिर वह कहीं से अपने एक भाई को ले आया। कहा होगा - 'चल रे मेरे साथ उस घर में। मैंने उस रोटीवाले को तंग करके, डराके, खाना निकलवा लिया है। चल, दोनों खायेंगे। उसका बाप हमें खाने को देगा। वरना हम उसकी नींद हराम कर देंगे। हमारा हक है।'

अब दोनों चूहाराम मज़े में खा रहे हैं।

मगर मैं सोचता हूँ - 'आदमी क्या चूहे से भी बदतर हो गया है? चूहा तो अपनी रोटी के हक के लिए मेरे सिर पर चढ़ जाता है। मेरी नींद हराम कर देता है!

इस देश का आदमी कब चूहे की तरह आचरण करेगा?'

Notes

Poppadom

Poppadoms (i.e. पापड़) are thin, crispy Indian snacks, which are often eaten with chutney or other condiments. They are typically made from lentil or chick pea flour and (traditionally) left to dry in the sun before being cooked.

Mouse as a vehicle of Ganesh

The mouse is commonly associated in Hindu mythology with being the vehicle (वाहन) for Ganesh, one of the most well-known Hindu deities.

Glossary

स्टीन बेक	pn.	Steinbeck, i.e. John Steinbeck, author of *Of Mice and Men* (1937)
लघु	adj.	short, small
उपन्यास	m.	novel
लेख	m.	written item, article, essay
शीर्षक	m.	title
अहंकार	m.	ego
नीचे करना	vt.	to lower
सामान्य	adj.	ordinary
बनना	vi.	to be made
दुर्घटना	f.	accident
बहनोई	m.	brother-in-law, i.e. sister's husband
मृत्यु	f.	death

आदि	adv.	etcetera
के कारण	post.	by reason of
अधिकार	m.	right
क्राकरी	f.	'crockery'
फ़र्श	m.	floor
गिराना	vt.	to drop
फोड़ना	vt.	to smash
तलाश	f.	search
भड़भड़ाना	vi.	to crash, to rage
पड़ोस	m.	neighbourhood, next-door house
घुसना	vi.	to enter (can have the sense of entering forcibly or surreptitiously)
बिजली	f.	light, electricity
जलाना	vt.	to turn on, to ignite, to burn
चहकना	vi.	to squeak, to chirp
खुलना	vi.	to be opened
ख़ुराक	f.	food, rations
उल्लास	m.	joy, delight
भोजन	m.	food, meal
चूहाराम	pn.	a made-up name for the mouse
निराश	adj.	hopeless, despairing
रोशनी	f.	light
बिखरना	vi.	to be scattered
दाना	m.	grain
टुकड़ा	m.	piece, morsel
बार-बार	adv.	again and again
सिर	m.	head
मच्छरदानी	f.	mosquito-net
कुलबुलाना	vi.	to fidget, to wriggle
नींद	f.	sleep, slumber
टूटना	vi.	to break
(की) नींद टूटना	vi.	to awaken, to be disturbed in sleep
भगाना	vt.	to chase away
हलचल	f.	commotion

भूखा	adj.	hungry
पाँव	m.	foot
गड़बड़	f.	disorder, confusion
मारना	vt.	to kill, to beat
मरना	vi.	to die
सड़ना	vi.	to decay, to rot
दुर्गन्ध	m.	odour, bad smell
हटाना	vt.	to remove, to move
आख़िर	adv.	after all, finally
सचेत	adj.	aware, alert
सिरहाना	m.	pillow
बे	interj.	you wretch!
भर पेट खाना	vt.	to eat one's fill
सदस्य	m.	member
हक़	m.	right
(की) नींद हराम करना	vt.	to disturb the sleep (of)
माँग	f.	demand
तरकीब	f.	plan
तरकीब निकालना	vt.	to hatch a plan
पापड़	m.	poppadom
डालना	vt.	to put, to place
बिखराना	vt.	to scatter
सूँघना	vt.	to smell, to sniff
चमत्कृत	adj.	astonished
शांत होना	vi.	to be pacified
चैन	m.	peace of mind, contentment
चैन की नींद सोना	vi.	to sleep peacefully
रे	interj.	oh, hey! – used when addressing males
चल रे	interj.	oh come along, hey come along
डराना	vt.	to scare, to frighten
बदतर	adj.	worse
(के) सिर पर चढ़ना	vi.	to impose oneself (on), to harass
आचरण	m.	conduct, behaviour
आचरण करना	vt.	to behave, to act

Idioms and expressions

हम लोग बाहर रहे।
We were away (from home).

उसका बाप हमें खाने को देगा। lit.: His father will feed us.
There's absolutely no doubt that he will feed us.

NB. It is considered impolite to use this form of expression.

Grammar notes

Intransitive, transitive and causative verbs

Verbs which are phonetically and semantically related can be divided into three categories: intransitive, transitive and causative.

Transitive verbs are generally formed from the stem of the intransitive verb.

Causatives can be of two types: 1st causative, where the subject of the sentence is directly involved in the action, and 2nd causative, where the action is performed by an external agent. The stem of 1st causative verbs generally ends in a -आ, whereas the stem of 2nd causative verbs ends in -वा.

Note: Not all verbs have intransitive, transitive and 1st and 2nd causative counterparts.

The following sentences illustrate the intransitive निकलना, transitive निकालना, and causative निकलवाना.

मैं डब्बा खोलता, तो चूहा **निकलकर** देखने लगता।
I would open the box and the mouse would come out and start looking.

मुझे भारी अलमारी हटाकर इसे **निकालना** पड़ेगा।
I would have to move the heavy cupboard and take him out.

मैंने उस से खाना **निकलवा** लिया।
I got food extracted from him.

Presumptive mood

The future tense of the verb होना can be used to express presumption or supposition. For example, वह भूखा होगा 'he must be hungry'. To express presumption or supposition in different tenses, future forms of the verb होना are used as the auxiliary verb of the main verb:

वह डब्बों में खाना तलाशता **होगा**।
He must have searched for food in the boxes.

The past habitual

A past imperfective verb without its auxiliary (था, थे or थी) can be used to express a habitual event in the past.

रात को चूहा बार-बार आता।
At night the mouse would come again and again.

मैं उसे भगाता।
I would chase him away.

True or false

Based on the text, are the following statements true or false? Correct them where necessary.

1. घर दो महीनों से कम बंद रहा।
2. चूहा लेखक के सर के पास हलचल करके लेखक को जगा देता।
3. लेखक अपने लिए खाना खुद नहीं बनाता था।
4. चूहे का पेट पापड़ खाकर भर जाता।
5. चूहाराम कुछ भी खाने को तैयार था।

Answer the following questions about the text

1. लेखक कुछ समय के लिए बाहर क्यों रहा?
2. चूहे ने क्राकरी को क्यों और कैसे फोड़ा होगा?
3. जब चूहे को घर में खाना नहीं मिला तो वह भूख से क्यों नहीं मरा?
4. चूहे के उल्लास और निराशा के कारण क्या थे?
5. अगर लेखक ने चूहे को मारा होता तो क्या होता?

Word activities

Synonyms: Scan the text to find synonyms for the following words. If required use a dictionary to help you.

(a) हक़ →
(b) खाना →
(c) पैर →
(d) बदबू →

(e) आम →
(f) की वजह →
(g) मौत →
(h) वग़ैरह →
(i) योजना →

Word derivation: The following words are derivationally related to a word in the text. Scan the text to find the related word.

(a)	भूखा	adj.	hungry	→
(b)	परिवार	m.	family	→
(c)	मृत	adj.	dead	→
(d)	भोजनालय	m.	restaurant	→
(e)	घटना	f.	event, incident	→
(f)	i. गंध	f.	smell	→
	ii. सुगंध	f.	fragrance	
(g)	i. लेखिका	f.	authoress	→
	ii. लेखक	m.	writer	

Further activities

1. Make a list of the main incidents that occur in this short story.
2. Compare the vocabulary used to describe the attributes, feelings and actions of the man and the mouse by making two separate lists of words, one for the man and one for the mouse.
3. Using some of the words from the above list, and from other sources too, write a description of the man from the mouse's point of view.
4. Incorporating some of the points from question 1 and 3 above, re-write the story from the mouse's perspective.
5. What is the meaning of the question raised in the final sentence of the story? Discuss your thoughts with your classmates and then write a short essay expressing your views.

Chapter 11 चटोरों के लिए चटपटी चाट

This blog posting by Ritu Bhanot is on the subject of popular street foods of North India. Ritu Bhanot, originally from Delhi, but now based in Strasbourg is a freelance translator–interpreter who writes about a range of topics on her blog साहित्य गोष्ठी.

The language used in this item is very colloquial and idiomatic, characterised by flexible word-order rules and the occasional dropping of pronouns and the verb होना.

Pre-reading

1. Make a list of Indian snacks, appetizers and street-foods that you have tasted or have heard of.
2. What flavours and ingredients might you find in Indian snacks?
3. What perceptions do you have about the experience of eating Indian street-food?

Text

- तो मेरी ट्रीट पक्की?
- हाँ, पक्की।
- याद है न क्या है मेरी ट्रीट?
- हाँ, टिक्कियाँ।
- हाँ।
- मोटी हो जाएगी।
- तो क्या? जीना छोड़ दूँ? बिना चाट के क्या ज़िंदगी और मुझे तो हर पल जीना है भरपूर।
- इतनी कैलोरीज़ और तेल . . . कितनी बीमारियाँ . . .

आज हम घर से बाहर कदम रखते हैं तो मुँह में पानी लाने वाले व्यंजन अपनी ओर बुलाते हैं। कहाँ तक संयम रखें? हाँ, मैं उन करोड़ों लोगों में से एक हूँ जिनके लिए सरोजिनी नगर का बाज़ार स्वर्ग से कम नहीं।

और दुनिया-भर के वैज्ञानिक और विशेषज्ञ जो मर्ज़ी कहें - गोलगप्पे, टिक्कियाँ और चाट आदि खाने से मुझे कोई नहीं रोक सकता। जिसने यह सब नहीं चखा उसका संसार में आना ही व्यर्थ है।

और एक प्लेट टिक्की अपने-आप में संपूर्ण भोजन है। आलू, मूँग-दाल, सफ़ेद चने, दही, सलाद के रूप में मौसमी सब्ज़ियाँ (जैसे बंद गोभी, मूली, गाजर, आदि) और प्याज़। सब कुछ है इसमें। और इन सब के स्वाद में चार चाँद लगाती सोंठ और पुदीने की चटनी।

भल्ला-पापड़ी . . . पापड़ी चाट . . . और . . .

मुँह में आते ही गप्प से फूटते गोलगप्पे। भारत के कई भागों में अलग-अलग नाम से सबके दिलों पर राज करते हैं। पानी-पूरी कहो या फुचका पर वही चटपटा स्वाद। ज़रा-सा आटा या सूजी, आलू, चने, मसाला और खट्टी-मीठी चटनी के साथ काँजी . . .

आ गया न मुँह में पानी?

इस सब के सामने किसी भी पंच-सितारा होटल का कोई व्यंजन नहीं ठहर सकता और इनकी सुगंध से ही पता चल जाता है कि बस मंजिल करीब है।

आज-कल बच्चे बर्गर और पिज़्ज़ा ढूँढ़ते हैं मगर अगर एक बार उनके मुँह को टिक्की, गोलगप्पे और चाट लग जाए तो सब भूल ठेले के सामने भीड़ लगाएँगे।

कुछ हफ़्ते पहले मैं यूँ ही आदतन अपने मनपसंद 'सस्ते' व्यंजन खा रही थी, एक अधेड़-उम्र का जोड़ा पास से गुज़रा। मुँह में पानी तो आया होगा पर फिर गरीब से ठेले वाले को देख खिसकने लगा। पर लपलपाती जीभ जीत गई। और वे भी आ खड़े हुए . . . खाए जा रहे थे और साथ-साथ टिप्पणियों की बरसात . . . देखो, कितनी गंदगी है (ठेले वाले ने पत्तल फेंकने के लिए टोकरी अलग रखी थी), कुछ खास नहीं है, मुझे तो फ़लाँ रेस्तराँ में खाना ज़्यादा पसंद है . . . वगैरह, वगैरह . . .

किसी ने जबरन पकड़ कर तो नहीं बुलाया था।

पर स्वाद . . . आह, जो चाट-पकौड़ी के स्वाद में कैद हो उसके लिए क्या शर्म, क्या करोड़ों की दौलत? जेब में करोड़ों हों पर वही 15–20 की चाट जीतती है। कुछ तो वजह है कि शादियों में लोग खाने से ज़्यादा चाट पर टूटते हैं।

रेस्तराँ में इंतज़ार करने के बजाय सड़क किनारे खड़े चाट वाले के पास जाएँ और तुरंत पेट भर जाएगा। काम की जल्दबाज़ी में भूखे रहने की क्या ज़रूरत है? मैंने कई व्यस्त दिनों में समय बचाने के साथ-साथ अपनी चटोरी ज़बान को भी संतुष्ट किया है ऐसे ही चाट की दुकान पर। दो मुलाकातों और बैठकों के बीच बस दस मिनट में।

देश में विदेशी चीज़ों के खिलाफ़ प्रवचन देने वालो अगर असल में लोगों को उनकी जड़ों से जोड़ना है तो चाट-पकौड़ी की दावत लगा दो। देखना राजा और रंक, शेर और मेमने सब खिंचे चले आएँगे। और तो और

यह तो हमारी इतनी अनमोल विरासत है कि इनका राज़ लेने बड़े-बड़े देश कतार में खड़े नज़र आएँगे। अगर देखना है कि लोग अपनी जड़ों से कितने जुड़े हैं तो किसी भी नुक्कड़ पर देखो आज भी ठेलों पर सब साथ खाते दिख जाएँगे।

अगर असली एकता, समानता और समाजवाद लाना है तो बस सब को एक बार चाट चखा दो।

आज भी यू० पी० एस० सी० (नई दिल्ली) की चाट के किस्से सुनाए जाते हैं कि कैसे आय-कर विभाग के कर्मचारियों ने पत्तल गिने थे। और मेरे विद्यालय का चाट वाला, सुना है कि उसकी दिल्ली में दो-तीन कोठियाँ थीं।

तो यही पहचान है दिल्ली की। दिल्ली की जान हैं ये, या यूँ कहें कि दिल्ली के दिल की धड़कन हैं ये।

शरमाएँ नहीं और ज़्यादा सोच-विचार में जीवन व्यर्थ न गँवाएँ। चाट वाले की आवाज़ जैसे ही कानों में सुनाई दे, दौड़ें और पकड़ लें उसे, कहीं वह चला न जाए . . . क्यों व्यर्थ में पढ़े जा रहे हैं . . . अगर चाट खत्म हो गई तो . . . ?

Notes

Sarojini Nagar market in New Delhi

Sarojini Nagar market is based in an upmarket area of Delhi. The market is a popular destination for locals to buy Indian street snacks.

Chaat stalls at Indian weddings

It is increasingly common at middle and upper middle class Indian weddings to have stalls serving chaat. Guests wander around and sample the different types of chaat on offer. Dishes such as bhel puri, aloo paapri chaat, paani puri and other snacks are commonly served.

Glossary

चटोरा	m.	'foodie', greedy, someone with a sweet tooth
चटपटा	adj.	hot, spicy
चाट	m.	a type of appetiser or savoury snack
ट्रीट	f.	treat
पक्का	adj.	here: definite, fixed

टिक्की	f.	a round, flat type of 'cake' or 'burger'
पल	m.	moment
जीना	vi.	to live
भरपूर	adv.	quite full, filled up, to the limit
तेल	m.	oil
व्यंजन	m.	food, relish
संयम	m.	restraint, abstinence
स्वर्ग	m.	heaven
वैज्ञानिक	m.	scientist
विशेषज्ञ	m.	specialist, expert
रोकना	vt.	to stop
चखना	vt.	to taste
संसार	m.	world
व्यर्थ	adj.	useless, vain
संपूर्ण	adj.	complete, full
मूँग-दाल	f.	moong lentils
चना	m.	chickpea
के रूप में	post.	in the shape of, in the form of
मौसमी	adj.	seasonal
बंद गोभी	f.	cabbage
मूली	f.	a type of white radish
गाजर	m.	carrot
प्याज़	m.	onion
स्वाद	m.	taste
चार चाँद लगाना	vt.	to give a splendid appearance, to raise the standard
सोंठ	f.	dry ginger
पुदीना	m.	mint
भल्ला	m.	deep fried ball made of *uṛad dāl* (skinned black gram lentil)
पापड़ी	f.	a small crisp cake made of pulses
गप्प	m.	'pop' (onomatopoeia)
फूटना	vi.	to burst open, to erupt, to pop
राज करना	vt.	to rule
फुचका	m.	alternative name for 'गोलगप्पा' or 'पानी-पूरी'
आटा	m.	flour

सूजी	f.	semolina
खट्टा	adj.	bitter, sour
मीठा	adj.	sweet
काँजी	f.	a sauce made from rice or mustard seeds
पंच-सितारा	adj.	five star
ठहरना	vi.	here: to stand firm
सुगंध	f.	fragrance
बस	adv.	just, merely
मंजिल	f.	here: destination
पिज़्ज़ा	m.	pizza
ठेला	m.	cart, trolley (of the food-seller)
यूँ ही	adv.	just like that, casually
आदतन	adv.	habitually
अधेड़-उम्र	adj.	middle-aged
जोड़ा	m.	pair, couple
खिसकना	vi.	to move away, to slip away
लपलपाना	vi.	to brandish, to flicker back and forth
जीभ	f.	tongue
जीतना	vt.	to win
टिप्पणी	f.	comment
गंदगी	f.	dirt, filth
पत्तल	m.	a leaf-plate
फ़लाँ	adj.	such and such
फेंकना	vt.	to throw
जबरन	adv.	forcibly
पकड़ना	vt.	to hold, to catch
क़ैद होना	vi.	to be imprisoned
शर्म	f.	shame
दौलत	f.	wealth
टूटना	vi.	here: to rush upon, to attack
(का) इंतज़ार करना	vt.	to wait (for)
के बजाय	post.	instead of
किनारा	m.	edge, border
तुरंत	adv.	immediately
जल्दबाज़ी	f.	haste

ज़बान	f.	tongue
मुलाक़ात	f.	meeting, interview
बैठक	f.	meeting
के ख़िलाफ़	post.	against, in opposition to
प्रवचन	m.	discourse, speech
असल में	adv.	in reality, in fact
जोड़ना	vt.	to connect, to join
दावत	f.	feast, dinner party
रंक	m.	pauper
मेमना	m.	lamb
अनमोल	adj.	precious, invaluable
विरासत	m.	heritage
राज़	m.	secret
क़तार	f.	line, queue
दिखना	vi.	to be seen
एकता	f.	unity
समानता	f.	equality
समाजवाद	m.	socialism
चखाना	caus.	to give a taste
यू० पी० एस० सी०	abbv.	U.P.S.C (Union Public Service Commission)
क़िस्सा	m.	story, tale
आय-कर	m.	income tax
गिनना	vt.	to count
विद्यालय	m.	school
कोठी	f.	mansion
पहचान	f.	identity, recognition
धड़कन	f.	beat (of the heart)
शरमाना	vi.	to be embarrassed, to feel ashamed
गँवाना	vt.	to lose, to waste
जीवन व्यर्थ गँवाना	vt.	to waste one's life in vain
आवाज़	f.	voice, sound
जैसे ही	adv.	as soon as
उपाय	m.	solution

Idioms and expressions

मुझे हर पल जीना है भरपूर।
I want to live life to the full.

हम कहाँ तक संयम रखें?
To what extent should we hold back? What should our limits be?

वे जो मर्ज़ी कहें।
They may say whatever (they want to).

उसका संसार में आना ही व्यर्थ है।
There's no point in him/her living.

ये सबके दिलों पर राज करते हैं।
They rule everyone's hearts.

राजा और रंक, शेर और मेमने।
Princes (lit.: kings) and paupers, lions and lambs, i.e. all sorts of people of different classes and backgrounds.

Grammar notes

The subjunctive in 'should' or 'may' questions

The subjunctive can be used in asking for advice or permission

जीना छोड़ दूँ?
Should I give up living?

Inverted postpositions

Certain compound postpositions can optionally be inverted with no effect on meaning, e.g. के बिना or बिना . . . के

बिना चाट **के** . . .
Without *chāt* . . .

Imperfective participle + ही

The imperfective participle ending in -ते when followed by ही expresses 'as soon as' or 'immediately upon'.

गोलगप्पे मुँह में **आते ही** गप्प से फूटते हैं।
As soon as they come into (your) mouth *gol-gappe* burst with a pop.

Perfective participle + जाना

As seen in Chapter 7 the perfective participle ending -ए followed by जाना expresses continuity with a sense of intensity.

क्यों व्यर्थ में **पढ़े जा रहे हैं**?
Why are you going on (and on) reading in vain?

Vocative case

The vocative case is used when addressing someone. It is formed in the same way as the oblique except that in the plural form the ending is not nasalised as in the following example.

प्रवचन देने **वालो** . . .
Those of you who make speeches . . .

True or false

Based on the text, are the following statements true or false? Correct them where necessary.

1. लेखिका के मन में सरोजिनी नगर का बाज़ार स्वर्ग के बराबर है।
2. अधेड़-उम्र का जोड़ा चाट खाकर बहुत संतुष्ट हुआ।
3. शादियों में लोग भोजन से ज़्यादा चाट खाना पसंद करते हैं।
4. काम की व्यस्तता के दौरान, समय बचाने का एक उपाय है कि संपूर्ण भोजन की जगह चाट खाएँ।
5. कई चाट वाले चाट बेचने से काफ़ी अमीर हो जाते हैं।

Answer the following questions based on the text

1. आपके विचार में, दुनिया-भर के वैज्ञानिक और विशेषज्ञ चाट के बारे में क्या कहते होंगे?
2. लेखिका को कैसे पता चलता है कि कोई चाट वाला करीब है?
3. बच्चों की पिज़ा और बर्गर की इच्छा कैसे टाली जा सकती है?
4. अधेड़-उम्र का जोड़ा शुरू में ठेले वाले से क्यों खिसकने लगे, और आखिर उन्होंने चाट खाने का फ़ैसला क्यों कर लिया?
5. आय-कर विभाग के कर्मचारियों ने पत्तल क्यों गिने होंगे?

Word activities

Word derivation: The following words are derivationally related to a word in the text. Scan the text to find the related word.

(a)	मौसम	m.	climate, season	→
(b)	विज्ञान	m.	science	→
(c)	संतुष्टि	f.	satisfaction	→
(d)	एक	adj.	one	→
(e)	समान	adj.	equal	→
(f)	समाज	m.	society	→
(g)	विद्या	f.	knowledge	→
(h)	i. देश	m.	country	→
	ii. विदेश	m.	abroad, overseas	

Further activities

1. According to the article, what are the positive and negative points about chaat? Make a list of the pros and cons, and then discuss your findings with your classmates.
2. Write a comment that you might post as a response to this blog posting.
3. Do you agree with the following two statements?

   'अगर असली एकता, समानता और समाजवाद लाना है तो बस सब को एक बार चाट चखा दो।'

   'देश में विदेशी चीज़ों के खिलाफ़ प्रवचन देने वालो अगर असल में लोगों को उनकी जड़ों से जोड़ना है तो चाट-पकौड़ी की दावत लगा दो।'

   Discuss with your classmates, and then write several paragraphs expressing your opinions.
4. Search the internet or use other sources to find further details about the street-foods mentioned in this blog, including pictures, recipes or other articles. Prepare a presentation and present it to your classmates.

Chapter 12 दर्शकों की नब्ज़ नहीं पकड़ पाया: नसीरुद्दीन & सामाजिक कार्यकर्ता हैं शबाना आज़मी

This chapter comprises two short items from *Navbharat Times Online*. The first item is an interview with film actor Naseerudin Shah, and the second item is a brief biography of the actress Shabana Azmi.

Pre-reading

1. Make a list of questions you would ask if you were interviewing a famous personality.
2. Skim read the first item by reading the interviewer's questions and state in your own words what the main topics of the interview are.
3. What points would you expect to read about in a biography about a film actor or actress?
4. Skim read the second item below and state in your own words what the main points covered in the brief biography are.

Text

दर्शकों की नब्ज़ नहीं पकड़ पाया: नसीरुद्दीन

सीनियर ऐक्टर नसीरुद्दीन शाह ने हर तरह की फ़िल्मों में खुद को बखूबी साबित किया है, लेकिन फ़िल्में बनाने में दर्शकों की पसंद नहीं समझ पाए। अब जल्द ही वे 'चालीस चौरासी' में नज़र आएँगे। करते हैं उनसे एक मुलाकात . . .

बड़े परदे पर आप हमेशा एक अलग ही अंदाज़ में सामने आते हैं। क्या वजह है इसकी?

करियर की शुरुआत से लेकर अब तक मैंने हमेशा कुछ अलग करने की कोशिश की है। हालाँकि पहले मुझे आर्ट सिनेमा के अभिनेता के तौर पर देखा जाता था, लेकिन 'त्रिमूर्ति' जैसी कुछ कमर्शल फ़िल्मों ने मेरे लिए हर तरह की फ़िल्में करने का रास्ता आसान कर दिया।

बेशक मेरे लिए यह किसी उपलब्धि की तरह ही है। वैसे, फ़िल्मों को मैं बैनर या निर्देशक की बजाय स्क्रिप्ट और अपने रोल को देखकर साइन करता हूँ। इंडस्ट्री में लंबा वक्त गुज़ारने के बावजूद मुझे आज भी नए निर्देशकों के साथ काम करना पसंद है और इनसे मैंने बहुत कुछ सीखा भी है।

इंडस्ट्री में आपकी अपनी एक पहचान है। फिर भी हिरोइन के इर्दगिर्द घूमती 'द डर्टी पिक्चर' साइन करने की वजह?

अपने रोल को सुनने के साथ ही मैंने फ़िल्म साइन कर ली थी। उस वक्त मुझे बिलकुल नहीं लगा कि इसकी पूरी कहानी और बाकी ऐक्टर्स के बारे में जानना चाहिए। वैसे भी, शुरू से ही मैं अपने काम से काम रखने वाला रहा हूँ। हालाँकि मिलन लुथरिया की इस फ़िल्म को साइन करने की बड़ी वजह यही थी कि मेरा रोल बेहद अलग था और एक किरदार में इतने पहलू कम ही देखने को मिलते हैं।

बतौर निर्माता और निर्देशक आपने सिर्फ़ एक फ़िल्म की है। इसकी वजह?

सच कहूँ, तो शायद बतौर प्रड्यूसर मैं दर्शकों की नब्ज़ कभी नहीं पकड़ पाया। बतौर निर्माता जब मैंने 'रघु रोमियो' बनाई, तो मुझे उम्मीद थी कि दर्शकों की एक क्लास को फ़िल्म ज़रूर पसंद आएगी। उस वक्त मेरे दोस्तों ने भी फ़िल्म की खूब तारीफ़ की थी, लेकिन फ़िल्म बिलकुल नहीं चली। एक बार फिर हिम्मत करके पुराने साथियों के सहयोग से 'यह होता तो क्या होता' बनाई। लेकिन इसे भी वैसा ही रिस्पॉन्स मिला। हालाँकि कई बार सोचता हूँ इन फ़िल्मों को मैंने क्यों बनाया, लेकिन जब कोई इनकी तारीफ़ करता है, तो खुशी होती है।

आपकी आने वाली फ़िल्म 'चालीस चौरासी' है। इस के बारे में कुछ बताएँ।

डायरेक्टर हृदय शेट्टी ने मुझे जब फ़िल्म की स्क्रिप्ट और रोल के बारे में सुनाया, तो लगा कि वे मेरे लिए अलग रोल लेकर आए हैं। वे वाकई एक्सपेरिमेंट करने का दम रखते हैं। आखिर बिना हीरो-हीरोइन वाली फ़िल्म का जोखिम कौन उठाएगा? वैसे, यह पूरी फ़िल्म एक रात में एक वैन के इर्दगिर्द घूमती है और इसमें कॉमेडी, रोमांच व सस्पेंस का तड़का है। इसमें मेरे साथ के. के. मेनन, रवि किशन और अतुल कुलकर्णी हैं। फ़िल्म को हमने मुंबई की सड़कों पर करीब 40 रातों में शूट किया है। बाकी तो आपको फ़िल्म देखकर ही पता लगेगा।

सामाजिक कार्यकर्ता हैं शबाना आज़मी

शबाना आज़मी को बॉलिवुड में एक अभिनेत्री के साथ बतौर सामाजिक कार्यकर्ता जाना जाता है। यही वजह है कि वे बॉलिवुड के साथ समाज का भी एक अहम हिस्सा हैं।

उन्हें बड़े परदे पर संवेदनशील किरदार की भूमिकाएँ निभाने वाली अभिनेत्री गाना जाता है। एक प्रसिद्ध व्यक्ति और जागरूक नागरिक होने के नाते उन्होंने कई सामाजिक मुद्दों पर आवाज़ उठाई है। इसके अलावा, उन्हें अपने दिल की आवाज़ को बेझिझक बयान करने के लिए जाना जाता है।

शबाना जब बड़ी हो रही थीं, तो वे अपनी माँ को अलग-अलग भूमिकाओं के लिए तैयारी करते देखतीं। उनकी पहली ट्रेनिंग वहीं से शुरू हुई थी। लेकिन शबाना के मन में पहली बार प्रोफ़ेशनल ऐक्ट्रिस बनने का ख्याल तब आया, जब उन्होंने फ़िल्म एंड टेलिविज़न इंस्टिट्यूट ऑफ़ इंडिया (एफ़टीटीआई) की एक स्टूडंट फ़िल्म में जया भादुड़ी का अभिनय देखा। नतीजतन उन्होंने भी एफ़टीटीआई के ऐक्टिंग कोर्स में दाखिला ले लिया और वहाँ की गोल्ड मेडलिस्ट रहीं। शबाना की रिलीज़ होने वाली पहली फ़िल्म 1973 में बनी श्याम बेनेगल की 'अंकुर' थी। 'अंकुर' में शबाना का बेहतरीन अभिनय देखने के बाद सत्यजीत रे ने उन्हें अपनी फ़िल्म 'शतरंज के खिलाड़ी', के लिए साइन किया। कहा जाता है कि शूटिंग के दौरान सत्यजीत शबाना के फ़ैन बन गए थे।

सत्तर और अस्सी के दशक के हिंदी सिनेमा में फ़िल्म निर्माता समाज की सच्चाइयों से जुड़ी फिल्में बना रहे थे और शबाना उनमें अपने लिए नई चुनौतियाँ तलाश रही थीं। इन फ़िल्मों में काम करके शबाना अपना अभिनय मज़बूत करती रहीं, और दोनों कमर्शल और आर्ट सिनेमा में उन्होंने अपनी ख़ास जगह बनाई।

1996 में रिलीज़ हुई दीपा मेहता की फ़िल्म 'फ़ायर' में दो ऐसी औरतों के संबंध के बारे में दिखाया गया था, जो एक-दूसरे की संगत में सुख महसूस करती थीं। मशहूर लेखिका इस्मत चुगताई की उर्दू कहानी 'लिहाफ़' पर आधारित इस फ़िल्म का विषय काफ़ी विवादास्पद साबित हुआ। इस विवादास्पद फ़िल्म में दोनों में से एक औरत का किरदार शबाना ने ही निभाया। शबाना खुद को किरदार के मुताबिक पूरी तरह डालने के लिए हमेशा मेहनत करती हैं। यही वजह थी कि दीपा मेहता की 'वॉटर' के लिए उन्होंने अपना सिर मुँडा लिया था और श्याम बेनेगल की 'मंडी' के लिए 20 किलो वज़न भी कम किया था।

शबाना ने हमेशा अपने किरदार के माध्यम से समाज और औरतों के हक में बात की है, और आज वे कई सामाजिक संगठनों से जुड़ी हैं। उनका मानना है कि फ़िल्म कलाकारों को इन संगठनों से जुड़ना चाहिए क्योंकि कलाकारों की लोकप्रियता से इन संगठनों को अपने लक्ष्य हासिल करने में काफ़ी मदद मिल जाती है।

Notes

Genre in Indian cinema

India is well known for its commercial Hindi-speaking cinema. However, art cinema (also known as parallel cinema) is also popular. Indian art cinema is known for its more realistic content compared to traditional commercial cinema.

Heroes and heroines in Indian cinema

The main characters in Indian commercial cinema are commonly referred to as 'heroes' and 'heroines', rather than lead actors.

Glossary

दर्शक	m.	viewer
नब्ज़	f.	pulse
बख़ूबी	adv.	excellently, thoroughly
साबित करना	vt.	to prove
बड़ा परदा	m.	big screen, cinema screen
अंदाज़	m.	style, manner
सामने	adv.	before, in front
सामने आना	vi.	to appear (i.e. to appear before someone)
अभिनेता	m.	actor
आसान	adj.	easy
बेशक	adv.	without doubt
उपलब्धि	f.	achievement
बैनर	m.	banner, i.e. the film company
सीखना	vt.	to learn
के इर्दगिर्द	post.	around
के इर्दगिर्द घूमना	vi.	to revolve around
वजह	f.	reason
जानना	vt.	to know
किरदार	m.	character
बतौर	adv.	as
निर्माता	m.	producer
चलना	vi.	here: to run (i.e. of a film)
हिम्मत करना	vt.	to muster courage
वाक़ई	adv.	really, truly
दम	m.	spirit, strength
दम रखना	vt.	to have strength or spirit
जोखिम	m.	risk
जोखिम उठाना	vt.	to take a risk
रोमांच	m.	thrill
तड़का	m.	seasoning
(को) पता लगना	vi.	to get to know
अभिनेत्री	f.	actress

कार्यकर्ता	m.	worker, official
सामाजिक कार्यकर्ता	m.	social activist
संवेदनशील	adj.	sensitive
निभाना	vt.	to play (i.e. to play a role)
प्रसिद्ध	adj.	famous
जागरूक	adj.	alert, aware
नागरिक	m.	citizen
के नाते	post.	by virtue of
मुद्दा	m.	issue, topic
बेझिझक	adv.	without hesitation
अभिनय	m.	acting
नतीजतन	adv.	as a result
दाख़िला	m.	admission
बेहतरीन	adj.	best
दशक	m.	decade
सच्चाई	f.	truth
चुनौती	f.	challenge
मज़बूत	adj.	strong, firm
संबंध	m.	relationship
संगत	f.	companionship, company
आधारित	adj.	based
विषय	m.	subject
विवादास्पद	adj.	controversial
के मुताबिक़	post.	according to
मुँडाना	vt.	to get shaved
वज़न	m.	weight
के माध्यम से	post.	through the medium of
के हक़ में	post.	in favour of
संगठन	m.	organisation
कलाकार	m.	artist
लोकप्रियता	f.	popularity
लक्ष्य	m.	goal

Idioms and expressions

अपने काम से काम रखना: to mind your own business

मैं अपने काम से काम रखने वाला रहा हूँ।
I am one to mind my own business.

नब्ज़ पकड़ना: to have one's finger on the pulse, i.e. to have current knowledge of what someone wants.

मैं दर्शकों की नब्ज़ कभी नहीं पकड़ पाया।
I never managed to have my finger on the pulse of viewers.

Grammar notes

Reflexive particle

Reflexive forms such as ख़ुद ('oneself') refer back to the subject of the sentence or clause.

नसीरुद्दीन शाह ने हर तरह की फ़िल्मों में **ख़ुद** को बख़ूबी साबित किया है।
Naseerudin Shah has proved himself excellently in all types of film.

Word order

An object or phrase placed at the end of the sentence is given more emphasis.

करते हैं उनसे एक **मुलाक़ात**।

This style of emphasis as given in this example is typically used when introducing or presenting someone or something.

Participles

As mentioned in Chapter 9, the perfective participle and imperfective participle followed by the auxiliary हुआ, हुए or हुई can be used as an adjective or an adverb. It is also common to use the participles with no auxiliary without affecting the meaning.

हिरोइन के इर्दगिर्द **घूमती** फ़िल्म साइन करने की वजह क्या थी?
What was the reason for signing a film revolving around a heroine?

वे अपनी माँ को अलग अलग भूमिकाओं के लिए तैयारी **करते** देखतीं।
She would see her mother preparing for various different roles.

फ़िल्म निर्माता समाज की सच्चाइयों से **जुड़ी** फिल्में बना रहे थे।
Film producers were making films connected to the truths of society.

Adjectival expressions with the suffix वाला

The suffix वाला with the oblique infinitive can be used to form adjectival expressions.

शबाना की **रिलीज़ होने वाली** पहली फ़िल्म 'अंकुर' थी।
Shabana's first film to be released was 'Ankur'.

The suffix वाला with a noun is also used to derive adjectival expressions.

बिना **हीरो वाली** फ़िल्म।
A film without a hero. (A 'hero-less' film.)

True or false

Based on the texts, are the following statements true or false? Correct them where necessary.

1. नसीरुद्दीन शाह केवल आर्ट सिनेमा की फ़िल्मों में दिखाई देते हैं।
2. नसीरुद्दीन शाह बैनर और निर्देशक की कामयाबी को देखकर ही फ़िल्म साइन करते हैं।
3. नसीरुद्दीन शाह की आने वाली फ़िल्म के निर्देशक ने फ़िल्म में कोई हीरो या हीरोइन का रोल नहीं रखा।
4. शबाना आज़मी की माँ भी अभिनेत्री थीं।
5. सत्तर के दशक में ऐसी फ़िल्में बन रही थीं जो सच्चाइयों से जुड़ी थीं।

Answer the following questions based on the text

1. 'द डर्टी पिक्चर' की पूरी कहानी और बाकी ऐक्टर्स के बारे में न जानने के बावजूद नसीरुद्दीन शाह ने फ़िल्म करने का फ़ैसला क्यों लिया?
2. बतौर निर्माता नसीरुद्दीन शाह की कौनसी फ़िल्म दर्शकों को पसंद आई?
3. शबाना आज़मी को प्रोफ़ेशनल ऐक्ट्रिस बनने की प्रेरणा कहाँ से मिली?
4. दीपा मेहता को फ़िल्म 'फ़ायर' बनाने की प्रेरणा कहाँ से मिली, और यह फ़िल्म विवादास्पद क्यों साबित हुई?
5. सामाजिक संगठनों को फ़िल्म कलाकारों से जुड़ने में क्या फ़ायदा है?

Word activities

Synonyms: Scan the text to find synonyms for the following words. If required use a dictionary to help you.

(a) कारण →
(b) आशा →
(c) सचमुच →
(d) मशहूर →
(e) रिश्ता →
(f) अधिकार →
(g) सहायता →
(h) प्रयास →
(i) समय →
(j) विचार →
(k) स्थान →

Word derivation: The following words are derivationally related to a word in the text. Scan the text to find the related word.

(a)	अहमियत	f.	importance	→
(b)	बेहतर	adj.	better	→
(c)	लेख	m.	essay, article	→
(d)	सच	adj.	true	→
(e)	शक	m.	doubt	→
(f)	कला	f.	art	→
(g)	लोकप्रिय	adj.	popular	→
(h)	i. अभिनेत्री	f.	actress	→
	ii. अभिनेता	m.	actor	

Further activities

1. What differences do you notice in the style of language used in the two texts in this chapter? Consider factors such as sentence length, word order and use of loanwords.
2. Write a fictitious interview with a well-known personality of your choice.
3. Perform a role play with a classmate with you as the interviewer and them as an interviewee, and then swap roles.
4. Write a summary of Shabana Azmi's life. Include the following points:
   - How she got into the acting profession.
   - What type of an actress she is.
   - Her acting career over the decades.
   - Her other work apart from acting.
5. Write a biography of a famous person and then present it to your classmates.

Chapter 13 ज़िंदगी की स्टीयरिंग अपने हाथ में

A reportage from BBC Hindi's correspondent Vandana Vijay about women learning to drive in New Delhi.

The language used in this text is fairly informal, characterised by a balance of Sanskritic and Perso-Arabic register with a smattering of English words. The word order in some of the introductory sentences is typical of this style of journalism where objects or object phrases are placed at the end of the sentence, either giving them more emphasis, or as a means of presenting or introducing a point.

Pre-reading

1. In your view what are the traditional roles that women are expected to fulfil in India?
2. What do you think attitudes might be towards women drivers in India?
3. From the title, pictures and captions in the article what inferences can you make about the article?

Text

संवाददाता: वंदना

दिल्ली की रहने वाली युवा लड़की उमा यादव सामाजिक-आर्थिक वजहों से अपनी दसवीं की पढ़ाई पूरी नहीं कर पाई. लेकिन आँखों में न सपनों की कमी थी और न मन में हौसले की. बचपन से उसके मन में ख़्वाब था गाड़ी चलाने का. पर ख़ुद की गाड़ी न थी. एक दिन उसे पता चला कि एक ग़ैर सरकारी संस्था दिल्ली के पिछड़े इलाक़ों से लड़कियों को चुनकर उन्हें ड्राइविंग की ट्रेनिंग देती है.

बस उमा ने बिना घर में बताए संस्था में फ़ोन घुमाया और सीखने लगी ड्राइविंग. आज वह प्रशिक्षित ड्राइवर है, एक महिला के यहाँ गाड़ी चलाती है. जब हम उससे मिलने गए तो उमा का चेहरा ख़ुशी से दमक रहा था क्योंकि उसे तनख़्वाह का चेक मिला था. उमा कहती है कि उसकी ज़िंदगी को मानो नई दिशा मिल गई है.

उमा हमें हमारी ही गाड़ी में टेस्ट ड्राइव पर भी ले गई, और मुझे ड्राइविंग के कुछ नए तरीक़े भी उसने सिखाए.

दरअसल दिल्ली के कई पिछड़े इलाक़ों से युवा लड़कियों को चुनकर दिल्ली की ग़ैर सरकारी संस्था आज़ाद फ़ाउंडेशन इन्हें प्रेरित करती है और गाड़ी चलाना सीखाती है. क़रीब-क़रीब साल भर उन्हें कड़ी ट्रेनिंग दी जाती है. यह नया हुनर सीखने के बाद कई लड़कियाँ आज बतौर ड्राइवर काम कर रही हैं और अपने पैरों पर खड़ी हैं.

'मेरे पति रेडियो टैक्सी चलाते हैं, उन्होंने एक बार पूछा कि क्या तुम गाड़ी चलाओगी. मैं तो घर पर ही रहा करती थी, बच्चों को देखती थी. पर मुझे गाड़ी चलाने का बेहद शौक था. फिर क्या था मैं आज़ाद फ़ाउंडेशन की मदद से ट्रेनिंग क्लास में शामिल हो गई. गाड़ी चलाना सीखने के बाद नौकरी लग गई. अब तो मैंने कॉमर्शियल लाइसेंस का टेस्ट भी पास कर लिया है.'

नमिता, ड्राइवर

दिल्ली के कालकाजी इलाक़े में हम लक्ष्मी, संगीता और उमा जैसी कई लड़कियों से मिले जो या तो गाड़ी चलाना सीख रही हैं या फिर सीख चुकी हैं. इनमें से कई लड़कियों के सामाजिक-आर्थिक-पारिवारिक हालात अच्छे नहीं हैं. लेकिन इन लड़कियों ने हिम्मत नहीं हारी है.

चूल्हा-चौका ही नहीं क्लच, गियर भी

तमाम मुश्किलों के बावजूद इन्होंने ज़िंदगी का स्टीयरिंग अपने हाथ में ले लिया है. सब के संघर्ष की अपनी दास्ताँ है जिसमें उम्मीद की किरण भी छिपी है. रीटा 14 साल में ब्याही गई, पढ़ाई छूट गई. लेकिन फिर उसे ड्राइविंग सीखने के मौक़े के बारे में पता चला. अब वह ड्राइवरी करती है और परिवार की आर्थिक भी.

वहीं नमिता का पति टेक्सी ड्राइवर है. कभी सिर्फ़ घर-बार संभालने वाली नमिता भी अब बतौर ड्राइवर काम करती है. अब वह भी सरपट सड़कों पर किसी प्रोफ़ेशनल की तरह गाड़ी दौड़ाती है. क्लच, गियर, स्टीयरिंग पर उसकी वैसी ही पकड़ है जैसे रसोई में चौके चूल्हे पर.

समाज, गाँव, परिवार से कई लड़कियों को विरोध भी झेलना पड़ता है लेकिन चाँदनी जैसी लड़कियाँ डटकर इनका मुक़ाबला करती हैं. चाँदनी बताती है, 'मैं जब यूपी के गाँव से दिल्ली आई तो सिलाई वग़ैरह सीखने डाल दिया गया. मुझे यह बिलकुल पसंद नहीं था कि लड़कियाँ बस इसी तरह के काम करें. मैंने ड्राइविंग सीखने का फ़ैसला ले लिया. मुझे ताने भी सुनने पड़ते हैं कि यह कैसा काम है. लोग अश्लील बातें भी कहते हैं. जहाँ ज़रूरी हो मैं पलटकर जवाब दे देती हूँ.'

सर उठाके जियो

ये लड़कियाँ बाहर जाकर दुनिया का सामना कर सकें इसलिए इन्हें ड्राइविंग के अलावा अंग्रेज़ी बोलना और सेल्फ़ डिफ़ेंस सिखाया जाता है. उन्हें अपने क़ानूनी अधिकारों के बारे में जागरूक किया जाता है जिसमें कई अन्य संस्थाओं की मदद ली जाती है.

उमा यादव बताती है कि उसे ससुराल में कुछ दिक़्क़तें हैं लेकिन आज उस में उनका सामना करने की हिम्मत है. उमा ने बताया, 'इस पूरे प्रशिक्षण से मुझे ड्राइविंग ही नहीं और बातें भी पता चली हैं. जागो-री संस्था में हमें अपने अधिकारों, सही-ग़लत के बारे में बताया गया. मेरे परिवार में कुछ मसले हैं. मैं क्या क़दम उठाने वाली हूँ यह तो मैं अभी नहीं बता सकती लेकिन अब मुझमें हिम्मत है कि मैं आवाज़ उठा सकूँ. मैं जागो-री से सलाह लूँगी.'

संस्था में साल भर ड्राइविंग सीखने के लिए लड़कियों को दो हज़ार रुपए जमा करने पड़ते हैं. बहुत सी लड़कियों के पास इतने पैसे एकदम नहीं होते. लेकिन नौकरी लगने के बाद ये लड़कियाँ धीरे-धीरे रक़म चुका देती हैं.

जीने की राह

आज़ाद फ़ाउंडेशन के प्रोग्राम डाइरेक्टर श्रीनिवास राव कहते हैं, 'हमारा मकसद है लड़कियों को रोज़गार के साथ सम्मान दिलाना. उन्हें ऐसे क्षेत्रों में ले जाना है जो पारंपरिक रूप से पुरुष प्रधान रहे हैं. हम स्थिति बदलना चाहते हैं और उन्हें महिला उद्यमी बनाना चाहते हैं.'

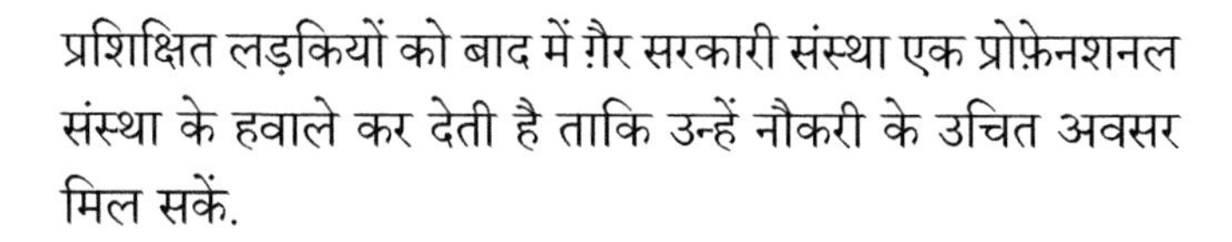

प्रशिक्षित लड़कियों को बाद में ग़ैर सरकारी संस्था एक प्रोफ़ेनशनल संस्था के हवाले कर देती है ताकि उन्हें नौकरी के उचित अवसर मिल सकें.

सार्वजनिक यातायात के हिसाब से दिल्ली महिलाओं के लिए सुरक्षित नहीं मानी जाती. ऐसे में बहुत सी महिलाएँ इन लड़कियों को निजी ड्राइवर के तौर पर रखना पसंद करती हैं.

ड्राइविंग का प्रशिक्षण लेने वाली कितनी ही लड़कियों से जब हम मिले तो उन्होंने बताया कि कैसे उनके आत्मविश्वास में बढ़ोतरी हुई है. इनमें से कई लड़कियों की ज़िंदगी किसी उबड़-खाबड़ से रास्ते जैसी थी, बिलकुल दिशाहीन. लेकिन गाड़ी चलाते-चलाते इनके जीवन को भी नई दिशा मिल गई है.

आज ये ड्राइवर लड़कियाँ बड़े आत्मविश्वास के साथ गाड़ियों को तेज़ी से सड़कों पर दौड़ा रहीं हैं. मन में यक़ीन है कि ज़िंदगी की गाड़ी भी ऐसे ही सरपट दौड़ेगी.

Notes

Indian school system

The Indian school system comprises four stages: primary (grades 1–5), middle (grades 6–8), secondary (grades 9–10) and higher/senior secondary (grades 11–12). In theory, it is compulsory to attend primary and middle schools. In practice, a large proportion of children do not attend school for their entire compulsory education, although school attendance and literacy levels have been steadily increasing. Students sit for exams at the end of grade 10 (leading to the Secondary School Certificate or equivalent) and, again, at the end of grade 12 (leading to the Higher Secondary School Certificate or equivalent). These exams are administered by state boards of education.

NGOs in Delhi

Non-governmental organisations (NGOs) are typically not-for-profit organisations which pursue wider social aims. There are a large number of such organisations in India, covering areas such as health and education.

Glossary

युवा	inv. & m.	youth
आर्थिक	adj.	economic
दसवीं की पढ़ाई	f.	Grade 10
न . . . न	adv.	neither . . . nor
सपना	m.	dream
ख़्वाब	m.	dream
ग़ैर सरकारी संस्था	f.	non-governmental organisation
पिछड़ा	adj.	deprived, under-developed
इलाक़ा	m.	area, district
घुमाना	vt.	here: to dial (a phone number)
प्रशिक्षित	adj.	trained
महिला	f.	woman, lady
चेहरा	m.	face
दमकना	vi.	to glow, to bloom
तनख़्वाह	f.	salary
मानो	conj.	as if
सिखाना	vt.	to teach
आज़ाद	adj.	free
प्रेरित करना	vt.	to inspire
कड़ा	adj.	firm, tough
हुनर	m.	skill
पैर	m.	foot
शामिल होना	vi.	to be included

या तो . . . या	conj.	either . . . or
हिम्मत	f.	courage
हारना	vt.	to lose, to be defeated
चूल्हा	m.	stove
चौका	m.	a cooking area
के बावजूद	post.	in spite of
दास्ताँ	f.	tale, story
किरण	f.	ray
छिपना	vi.	to be hidden
ब्याहना	vt.	to marry (to arrange the marriage)
छूटना	vi.	here: to be given up, to be lost
वहीं	adv.	here: on the other hand
घर-बार	m.	household goods; family
संभालना	vt.	to take care of
सरपट	adv.	at a gallop
दौड़ाना	caus.	to run, to cause to run
पकड़	f.	grasp, reach
रसोई	f.	kitchen
विरोध	m.	opposition, resistance
डटकर	adv.	vigorously, stubbornly
(का) मुक़ाबला करना	vt.	to challenge
यूपी	abbv.	U.P. (Uttar Pradesh)
सिलाई	f.	sewing, needlework
वग़ैरह	adv.	etcetera
ताना	m.	taunt, jibe
अश्लील	adj.	indecent
पलटना	vi.	to turn back, to rebound
प्रशिक्षण	m.	training
क़ानूनी	adj.	legal
ससुराल	m.	in-laws' house
(को) दिक़्क़त होना	vi.	to have a problem or difficulty
री	interj.	oh, hey! – used when addressing females
जागो-री	pn.	'Awaken' (the name of an NGO)
मसला	m.	problem
क़दम उठाना	vt.	to take a step

आवाज़ उठाना	vt.	to raise one's voice
सलाह	f.	advice
रक़म	f.	amount
चुकाना	vt.	to settle, to pay off
राह	f.	path, way
रोज़गार	m.	employment
सम्मान	m.	respect
दिलाना	caus.	to cause to give, to assign
क्षेत्र	m.	area, field
पुरुष	m.	man
प्रधान	m.	chief, head
पुरुष प्रधान	adj.	male dominated
महिला उद्यमी	f.	female entrepreneur
के हवाले करना	vt.	to hand over to
उचित	adj.	appropriate, suitable
अवसर	m.	opportunity, occasion
सार्वजनिक यातायात	m.	public transport
के हिसाब से	post.	as far as is concerned
सुरक्षित	adj.	safe, secure
निजी	adj.	private, personal
के तौर पर	post.	by manner of, as
विश्वास	m.	confidence, faith
आत्मविश्वास	m.	self-confidence
बढ़ोतरी	f.	increase
उबड़-खाबड़	adj.	rough, uneven, bumpy
दिशाहीन	adj.	directionless
यक़ीन	m.	certainty, confidence

Idioms and expressions

अपने पैरों पर खड़ा होना: lit.: to stand on your own feet, i.e. to be independent

वे अपने पैरों पर खड़ी हैं।
They are standing on their own feet.

सर उठाके जीना: lit.: to live with your head held up, i.e. be proud of yourself

सर उठाके जियो।
Live with your head held up.

फिर क्या था: A colloquial expression that can mean 'And you know what happened then' or 'And then . . .'

फिर क्या था मैं आज़ाद फ़ाउंडेशन की मदद से ट्रेनिंग क्लास में शामिल हो गई।
And then I joined a training class with the help of Azad Foundation.

(की) नौकरी लगना: to get employed

गाड़ी चलाना सीखने के बाद मेरी नौकरी लग गई।
After learning to drive a car I got a job.

Grammar notes

Reflexive particle

Reflexive forms such as ख़ुद ('oneself', or on this occasion 'ख़ुद की', i.e. 'one's own') refer back to the subject of the sentence or clause.

उसकी **ख़ुद** की गाड़ी न थी।
She didn't have her own car.

Reduplication

Repetition of an imperfective participle shows a continuing or repeated action over a period of time.

गाड़ी **चलाते चलाते** इनके जीवन को भी नई दिशा मिल गई है।
(By) driving a car their lives have got (been given) a new direction.

The passive in a compound verb with देना

Compound verbs in the passive are infrequent, but they are found occasionally in compounds with देना.

मैं जब दिल्ली आई तो (मुझे) सिलाई वग़ैरह सीखने **डाल दिया गया।**
When I came to Delhi I was assigned to learn stitching.

Word order

An object or object phrase placed at the end of the sentence is given more emphasis.

बचपन से उसके मन में ख़्वाब था **गाड़ी चलाने का**।
उमा ने फ़ोन घुमाया और सीखने लगी **ड्राइविंग**।

Relative clauses

जैसा . . . वैसा can be used adjectivally or adverbially to express similarity or likeness.

क्लच, गियर, स्टीयरिंग पर उसकी **वैसी** ही पकड़ है **जैसे** रसोई में चौके चूल्हे पर (पकड़ है)।
Her control of the clutch, gear and steering is just like her control of the stove in the kitchen.

Relative clauses relating to location with जहाँ . . . वहाँ were seen in Chapter 8.

जहाँ ज़रूरी हो (**वहाँ**) मैं पलटकर जवाब दे देती हूँ।
Where it's necessary I answer back.

Relative clauses relating to time follow the pattern **जब . . . तब/तो**

प्रशिक्षण लेने वाली लड़कियों से **जब** हम मिले **तो** उन्होंने बताया कि कैसे उनके आत्मविश्वास में बढ़ोतरी हुई है।

When we met the girls who had taken training, (then) they told us how there has been an increase in their self-confidence.

True or false

Based on the text, are the following statements true or false? Correct them where necessary.

1. प्रशिक्षित ड्राइवर बनने से उमा यादव की ज़िंदगी की दिशा बदल गई है।
2. उमा संवाददाता को अपनी ही गाड़ी में टेस्ट ड्राइव पर ले गई।
3. आज़ाद फ़ाउंडेशन से ड्राइविंग सीखने के बाद कई लड़कियाँ बतौर ड्राइवर काम करने लग जाती हैं।
4. दिल्ली पहुँचते ही चाँदनी ड्राइविंग सीखने लगी।
5. लक्ष्मी, संगीता और उमा जैसी कई लड़कियों ने अपने बुरे हालात होने के बावजूद हिम्मत नहीं हारी।

Answer the following questions based on the text

1. बचपन में उमा यादव ने कैसा सपना देखा था?
2. क्या नमिता का पति उसके ड्राइविंग सीखने के खिलाफ़ था?
3. चाँदनी को किस तरह के विरोध का सामना करना पड़ा है, और उसने इसका मुक़ाबला कैसे किया है?
4. जिन लड़कियों के पास ड्राइविंग सीखने के लिए पूरे पैसे नहीं होते, वे क्या करती हैं?
5. ड्राइविंग का प्रशिक्षण लेने से लड़कियों की ज़िंदगी कैसे बदल जाती है?

Word activities

Synonyms: The words in the left hand column can be found in the text. Match them up with their correct synonym in the right hand column. Use a dictionary to help you. The first one is done for you.

(a)	तनख़्वाह → आमदनी	सहायता
(b)	पुरुष	पाँव
(c)	पैर	औरत
(d)	फ़ैसला	आमदनी
(e)	मदद	निर्णय
(f)	महिला	ख़्वाब
(g)	राह	आदमी
(h)	वग़ैरह	रास्ता
(i)	सपना	उद्देश्य
(j)	मुश्किल	आदि
(k)	उम्मीद	आशा
(l)	अवसर	हक़
(m)	अधिकार	कठिन
(n)	मक़सद	मौक़ा

Word derivation: The following words are derivationally related to a word in the text. Scan the text to find the related word.

(a) जागना	vi.	to awaken	→
(b) दिशाहीन	adj.	directionless	→
(c) परंपरा	f.	tradition	→

(d) प्रशिक्षण	f.	training	→
(e) प्रेरणा	f.	inspiration	→
(f) समाज	m.	society	→
(g) सरकार	f.	government	→
(h) सुरक्षा	f.	security, safety	→
(i) आत्मविश्वास	m.	self-confidence	→
(j) देना	vt.	to give	→

Further activities

1. Based on the details of the text, make a list of the information you can gather about the training available such as who provides it, what training is offered, costs and length of training, potential careers for qualified drivers, and any other relevant information.
2. Design an information leaflet for a driving school and include the information gathered in question 1.
3. Make a list of keywords in Hindi that you could use to search for more information on the internet about NGOs that work with women's groups. Using your keywords, find and read some information online and discuss your findings with your class.
4. Write a short reportage of your own. Consider the word order of the following sentences that appear in the opening paragraphs of the article in this chapter and try to form some sentences of your own in a similar format.

   'बचपन से उसके मन में ख़्वाब था गाड़ी चलाने का।'
   'उमा ने फ़ोन घुमाया और सीखने लगी ड्राइविंग।'

Chapter 14 खास है यह दीपावली

The following article appeared in the online version of the Hindi regional daily newspaper *Amar Ujala*. A popular Hindi newspapers with a wide circulation in North Indian states, *Amar Ujala* now has a broader readership due to its availability online as an e-paper.

As seen in earlier chapters, it is not uncommon to find printed texts where the standard use of *candrabindu* in nasalisation of vowels is not followed. The text in this chapter uses the *bindu* in place of *candrabindu*. For example, we see the word हूं instead of हूँ.

Pre-reading

1. Think about some festivals that you might celebrate and how you celebrate them.
2. What do you know about the Hindu festival of Diwali and how it is celebrated?
3. Read the first paragraph and the headings of the subsequent paragraphs, and make some guesses about the details you might expect to find in this article.

Text

खास है यह दीपावली

दीपावली एक ऐसा त्यौहार है जिसमें सितारे सचमुच ज़मीं पर उतर आते हैं। बात कर रहे हैं हम बॉलीवुड के सितारों की, जिन्हें अपनी जड़ों का अहसास दिलाता है यह त्यौहार। वे आम आदमी की तरह ही परिवार के साथ दीपावली मनाते हैं। सिनेमा भी हमारी संस्कृति का एक अंग ही है, तभी तो दीपावली जैसे उत्सव पर फ़िल्मी सितारे भी खास से आम हो जाते हैं और उनके घरों में भी संस्कृति, उत्सव और धर्म का एक संगम देखने को मिलता है। वे भी घर में लक्ष्मी पूजा करते हैं और दीपक जलाकर अपने और अपने परिवार के लिए खुशियां मांगते हैं। त्यौहार में ये सितारे आम आदमी के रूप में धार्मिक परंपराओं के साथ उसी तरह उत्सव मनाते हैं, जैसे आम घरों में मनाया जाता है।

बच्चन परिवार के घर

अपनी इस बार की दीपावली की तैयारी के बारे में अभिषेक बच्चन उत्साह से बताते हैं, 'पिछले कुछ सालों से हमारे परिवार में दादा और दादी के जाने के बाद और कभी किन्हीं और कारणों से कोई उत्सव नहीं मनाया गया, लेकिन इस बार हम दीवाली धूम-धाम से मनाएंगे। दीपावली के दो-तीन दिन पहले पापा

भी ऑस्ट्रेलिया से वापस आ जाएंगे, और मैं भी एक दिन पहले शूटिंग में ब्रेक लेकर राजस्थान से वापस घर लौटूंगा। हमारे परिवार में शुरू से ही यह परंपरा चली आ रही है कि कोई भी उत्सव हम मिल-जुल कर मनाते हैं, क्योंकि जो आनंद पूरे परिवार के साथ त्यौहार मनाने में मिलता है, उससे ज़्यादा खुशी कहीं और नहीं मिलती। वैसे भी दीपावली का उत्सव, जिसमें हर तरफ़ रोशनी ही रोशनी की जगमगाहट होती है, दूर तक अंधेरे का नामोनिशान नहीं होता, उसमें पूरा परिवार शामिल होकर एक नयी रोशनी बिखेरता है। हां, बचपन में प्रतीक्षा के लॉन में मनाई दीपावली को मैं नहीं भूला हूं। पूरे घर की चहारदीवारी पर मिट्टी के दीयों को जलता देख जो खुशी मिलती थी उसे मैं नहीं भूला हूं। पापा का अनार और रॉकेट छोड़ना मुझे आज भी याद है।'

जो सीखा, उसे सिखाएं

अमिताभ बच्चन दीपावली पर अपने संदेश में कहते हैं, 'कोई भी उत्सव हमें इस बात की याद दिलाता है कि हम जिस मिट्टी में पले-बढ़े हैं, वहां की सांस्कृतिक परंपरा का हमें गर्व होना चाहिए। जिस समाज में हम रह रहे हैं, वह उत्सवी समाज है। त्यौहार के दिन छोटे बड़ों से आशीर्वाद लेते हैं। ये सारी बातें किसी को बतानी नहीं पड़तीं, न ही ये सिखाई जाती हैं, न ही किताबों में लिखी हैं। ये अंदर से महसूस की जाती हैं। ये बातें तो अपने आप अंदर से आती हैं। जो बातें मैंने अपने बाबूजी या माताजी से सीखीं, वही मैंने अपने बेटे-बेटी को सिखाईं और मैं चाहता हूं कि वे भी अपने बच्चों को यही बातें सिखाएं।'

बच्चों के साथ बच्चा बन जाता हूं

अक्षय कुमार हर त्यौहार अपने परिवार के साथ मनाने पर ज़ोर देते हैं। अक्षय कहते हैं, 'मैं तो अपने बच्चों और उनके दोस्तों के साथ खूब पटाखे छोड़ता हूं और बेटों के दोस्तों को उपहार भी देता हूं। आज भले ही मैं स्टार हो गया हूं, लेकिन दीवाली के दिन मैं भी बच्चों के साथ बच्चा हो जाता हूं। वैसे मेरा अपना नज़रिया है कि दीवाली हो या फिर होली अकेले मनाने की चीज़ नहीं है। त्यौहार में पूरा परिवार, यार दोस्त और रिश्तेदार साथ होते हैं, तभी मज़ा आता है। छोटे बड़ों का आशीर्वाद लें और बड़े उनकी खुशियों में शामिल हों और पूरा परिवार एक साथ पूजा-पाठ करे, तो ही तो त्यौहार का असली मज़ा आता है।'

इंतज़ार आतिशबाज़ी का

सितारों की यंग जेनरेशन में मशहूर शाहिद कपूर बताते हैं, 'मैं तो बचपन में दोस्तों के साथ खूब पटाखे छोड़ता था और दीवाली का तो मैं पूरे साल इंतज़ार करता था। यह मेरा सबसे प्रिय त्यौहार है। मेरा मानना है कि हर बच्चा दीवाली का इसलिए इंतज़ार करता है कि कब वह बड़ा हो और उस पर पटाखे छोड़ने की बंदिश हटे।'

कम खाएं मिठाई

हर किसी का दीवाली मनाने का अपना तरीका है यहां। राजू श्रीवास्तव को ही लीजिए। हास्य कलाकार राजू कोई भी मौका हो अपनी बातों से दिल को गुदगुदाने का काम नहीं छोड़ते। इस बार वे दीवाली पर कुछ नया और अनूठा करने का मन बना रहे हैं। वे बताते हैं, 'इस बार मैं सोच रहा हूं कि कंप्यूटर पर लक्ष्मी जी की

पूजा करूं और उसी पर एनीमेटेड पटाखे का भी मज़ा लूं। प्रदूषण कम होगा और इससे मैं पर्यावरणवादी हो जाऊंगा। लेकिन एक बात मैं अपने दर्शकों से भी कहना चाहूंगा कि दीवाली पर मिठाई थोड़ा कम खाएं, क्योंकि लोग खूब मिठाई खाते हैं फिर पूरे साल पार्क में उसे पचाने के लिए मार्निंग वॉक करनी पड़ती है।'

उस दिन आम आदमी हूं

हार्टथ्रॉब रणबीर कपूर कहते हैं, 'मेरा तो पूरा परिवार फ़िल्मी दुनिया से जुड़ा हुआ है। दादा जी तो होली खूब मनाते थे। लेकिन हम कलाकारों के जीवन में भी कुछ क्षण ऐसे होते हैं, जिन्हें मैं एक आम आदमी की तरह जीता हूं और भूल जाता हूं कि अब मैं भी एक स्टार हूं। हां, अब थोड़ा सा अंतर यह हो गया है कि पहले की तरह गलियों और सड़कों पर पटाखे नहीं छोड़ता। इस बात का मुझे अफ़सोस होता है, क्योंकि दीवाली घर के अंदर बैठकर मनाने की चीज़ नहीं होती। लेकिन पूरे कपूर परिवार में जिस तरह होली या गणपति पर रंग और उमंग होती है, वैसी बात दीवाली में नहीं होती। हम सभी शांति से अपने-अपने घरों में भारतीय संस्कृति और परंपरा के अनुसार लक्ष्मी पूजा करते हैं, घर को सजाते हैं और आतिशबाज़ी का आनंद लेते हैं।'

Notes

Festivals in India

Festivals are an important part of life in India and reflect India's rich religious and cultural heritage. There are literally hundreds of festivals, each with their own traditions, customs and rituals attached. Many of these festivals are also public holidays, which means that India has one of the largest number of public holidays of any country in the world.

Diwali

Diwali is one of the most important Hindu festivals. The date varies each year, but it usually falls in October or November. The name is derived from the Sanskrit word *dīpāvalī* meaning row of lights. Diwali is sometimes referred to as the 'festival of lights', as it is customary to light small clay lamps and place these around the home. The lamps are lit in order to help Lakshmi, the Hindu goddess of wealth, find her way and also to celebrate the triumph of good over evil associated with the return of Ram to Ayodhya after his defeat of the demon-king Ravan in the Hindu legend of the *Ramayana*.

Holi

Holi is a Hindu festival which marks the beginning of spring. It is also referred to as the 'festival of colours', as people typically throw coloured powder over each other. Holi is a widely celebrated and popular festival in India and among the Indian diaspora.

Ganpati festival

The Ganpati festival (also known as Ganesh Chaturthī) is a Hindu festival celebrating the birthday of Lord Ganesh. It usually falls in August or September. The festival is particularly popular in Mumbai, where statues of Ganesh are carried through the streets and immersed in the sea.

Kapoor and Bachchan dynasties in Bollywood

The Bachchans and Kapoors are both very well-known families with a long history in Bollywood cinema.

Glossary

दीपावली	f.	दीवाली
त्यौहार	m.	festival
सितारा	m.	star
सचमुच	adv.	really, truly
ज़मीं	f.	ज़मीन
उतरना	vi.	to come down, to descend
अहसास	m.	realisation
अहसास दिलाना	caus.	to cause one to realise
मनाना	vt.	to celebrate
अंग	m.	part, portion
उत्सव	m.	festival, festivity
धर्म	m.	religion
संगम	m.	joining, meeting
लक्ष्मी	pn.	Lakshmi, the goddess of wealth
पूजा	f.	worship
दीपक	m.	lamp
जलाना	vt.	to burn, to light
माँगना	vt.	to ask for
धार्मिक	adj.	religious
उत्साह	m.	enthusiasm
धूम-धाम से	adv.	grandly, with pomp and splendour
वैसे भी	adv.	in any case
जगमगाहट	f.	flash, twinkle

तरफ़	f.	side, direction
नामोनिशान	m.	trace, lit.: name and sign/mark, i.e. नाम और निशान
बिखेरना	vt.	to scatter
प्रतीक्षा	pn.	*Pratīkṣā* – the name of the Bachchans' family home
चहारदीवारी	f.	enclosing wall, boundary wall
मिट्टी	f.	soil, dirt, earth
दीया	m.	oil lamp
मिट्टी का दीया	m.	earthen-ware oil lamp
लॉन	m.	lawn
अनार	m.	pomegranate, but here: a type of firework that burns in the form of an ornamental fountain
(को) याद होना	vi.	to remember
संदेश	m.	message
याद	f.	memory
याद दिलाना	vt.	to remind
पलना	vi.	to be reared, to be nurtured
ज़ोर	m.	force
पर ज़ोर देना	vt.	to lay stress upon
पटाखा	m.	firecracker
उपहार	m.	gift
भले ही	adv.	even if
नज़रिया	m.	point of view
होली	f.	Holi – the festival of colours
अकेले	adv.	alone
रिश्तेदार	m.	family member, relative
पाठ	m.	here: prayer
तो ही तो	adv.	only then
असली	adj.	true, real
इंतज़ार	m.	waiting
आतिशबाज़ी	f.	fireworks
प्रिय	adj.	dear, beloved; here: favourite
बंदिश	f.	restriction
हटना	vi.	to move
मिठाई	f.	sweet
हास्य	m.	humour
हास्य कलाकार	m.	comedian

गुदगुदाना	vt.	to tickle
मन बनाना	vt.	to make up one's mind, to decide
प्रदूषण	f.	pollution
पर्यावरणवादी	m.	environmentalist
पचाना	vt.	to digest
अंतर	m.	difference
गणपति	pn.	a name for Ganesh, the elephant-headed god
रंग	m.	colour
उमंग	f.	elation
सजाना	vt.	to decorate

Grammar notes

Compound verbs with आना

Compounds with आना tend to suggest a sense of completion of an action, or the movement of an action towards a place.

दीपावली एक ऐसा त्यौहार है जिसमें सितारे सचमुच ज़मीं पर उतर **आते हैं**।
Diwali is such a festival in which stars truly come down to earth.

Adjective as nouns

The use of adjectives as nouns is not uncommon.

त्यौहार के दिन **छोटे बड़ों** से आशीर्वाद लेते हैं।
On the day of the festival youngsters take blessings from elders.

True or false

Based on the text, are the following statements true or false? Correct them where necessary.

1. बॉलीवुड के सितारों का दीपावली मनाने का ढंग आम आदमी के ढंग से भिन्न है।
2. दीवाली से पहले अभिषेक बच्चन और उसके पिता दोनों कहीं बाहर गए हुए हैं।
3. भले ही अक्षय कुमार बॉलीवुड का सितारा बन चुका है, फिर भी दीपावली पर वह एक बच्चे की तरह बन जाता है।

4. शाहिद कपूर के विचार में बच्चों पर पटाखे छोड़ने की बंदिश हटाई जानी चाहिए।
5. राजू श्रीवास्तव शायद इस साल पटाखे नहीं छोड़ेंगे जिस से पर्यावरण प्रदूषण से बचेगा।

Answer the following questions based on the text

1. अभिषेक बच्चन के दादा और दादी अभी ज़िंदा है या नहीं? यह बात कैसे मालूम पड़ती है?
2. अभिषेक बच्चन के बचपन की दीवाली की यादें क्या क्या हैं?
3. अमिताभ बच्चन के अनुसार लोग अपनी सांस्कृतिक परंपरा के बारे में कैसे सीखते हैं?
4. युवा पीढ़ी के किस मशहूर अभिनेता का सबसे प्रिय त्यौहार दीवाली है, और बचपन में वह दोस्तों के साथ क्या करता था?
5. रणबीर कपूर के दीवाली मनाने के ढंग में क्या बदलाव आ चुके हैं, और क्यों? इन बदलावों पर वह क्या महसूस करता है?

Word activities

Synonyms: Scan the text to find synonyms for the following words. If required use a dictionary to help you.

(a) फ़र्क →
(b) भेंट/तोहफ़ा →
(c) ख़ानदान →
(d) प्रसिद्ध →
(e) हिस्सा/भाग →

Word derivation: The following words are derivationally related to a word in the text. Scan the text to find the related word.

(a)	तैयार	adj.	ready, prepared	→
(b)	मीठा	adj.	sweet	→
(c)	धर्म	m.	religion	→
(d)	उत्साहित	adj.	enthusiastic	→
(e)	पारंपरिक	adj.	traditional	→
(f)	रंगीन	adj.	colourful	→
(g)	सांस्कृतिक	adj.	cultural	→
(h)	पर्यावरण	m.	the environment	→
(i)	i. हँसी	f.	laughter	→
	ii. हँसना	vi.	to laugh	

Further activities

1. From the text in this chapter compare the quotes of two or more celebrities, making a list of words and phrases that they use to describe how they celebrate festivals.
2. Using some of the words and phrases from question 1, write a short paragraph of your own explaining how you celebrate a festival of your choice.
3. Write an additional paragraph about how a celebrity of your own choice might celebrate Diwali.
4. Do you think that celebrities behave any differently from other people when it comes to the way they celebrate festivals? Discuss with your classmates, and then write a short essay about your views.
5. What are your views on comedian Raju Shrivastav's comments about the environment and sweets eaten at festivals? Do you think he is serious or is he joking? Do you agree or disagree with his point of view? Discuss with your classmates, and then write a short essay about your views.

Chapter 15 एक दलित की आत्मकथा

The excerpt in this chapter is from an autobiographical essay by Omprakash Valmiki which was first published in 1995. Valmiki, born in 1950 in a village near Muzaffarnagar in Uttar Pradesh, is a successful Dalit writer. The term 'Dalit', literally meaning 'oppressed', is used to describe people traditionally known as 'untouchables' in the context of the Hindu caste system. Following the popularity of this essay, Valmiki was urged to write more about his experiences as a Dalit, which led to his autobiography जूठन being published in 1997. This was subsequently translated by Arun Prabha Mukherjee and published in 2003 under the title *Joothan: A Dalit's Life*. Valmiki's other works include, amongst others, several collections of poetry and short stories.

In this particular extract the subscript dot which distinguishes certain sounds that occur in Perso-Arabic and English loanwords, particularly ज़ (z) and फ़ (f), is omitted. For example, फैक्टरी, दरवाजा, तकलीफदेह and जमीन in place of फ़ैक्टरी, दरवाज़ा, तकलीफ़देह and ज़मीन. It is not uncommon to find texts which follow this convention.

Pre-reading

1. This excerpt is from the beginning of the autobiographical essay, एक दलित की आत्मकथा. What would you expect to read about in the opening of a short autobiography?
2. Skim read the text and note down the main points that you can pick out from the excerpt. How are they similar or different to your initial expectations based on question 1?

Text

बात 1980 के आसपास की है। मैं और मेरी पत्नी चंदा राजस्थान-भ्रमण के बाद दिल्ली होकर चंद्रपुर (महाराष्ट्र) लौट रहे थे। जयपुर से पिंक सिटी एक्सप्रेस में सीट मिली थी। पास की सीट पर एक संभ्रांत परिवार - पति, पत्नी और दो छोटे बच्चे - बैठे थे। जयपुर से दिल्ली जा रहे थे। बातचीत में पता चला कि पति किसी मंत्रालय में अधिकारी हैं।

सामान्य बातचीत चल रही थी। सहज और सुखद वातावरण था। राजस्थान की खूबसूरती पर चर्चा चल रही थी। मेरी पत्नी और अधिकारी की पत्नी घुल-मिलकर बातें कर रही थीं। स्त्रियों में अपरिचय की दीवार जल्दी टूटती है।

अचानक बातचीत के बीच विषय बदल गया! अधिकारी की पत्नी ने मेरी पत्नी से पूछा, 'बहन जी, आप लोग बंगाली हैं?'

मेरी पत्नी ने सहजता से उत्तर दिया, 'जी नहीं, उत्तर प्रदेश के हैं। मेरे पति आर्डिनेंस फैक्टरी, चंद्रपुर (महाराष्ट्र) में पोस्टेड हैं।'

'कौन जात हो?' अधिकारी की पत्नी ने दूसरा सवाल दागा।

प्रश्न सुनते ही मेरी पत्नी का चेहरा फक पड़ गया और वह मेरी ओर देखने लगी। सारा माहौल बिगड़ गया था, जैसे अचानक स्वादिष्ट व्यंजन में मक्खी गिर गयी हो। जब तक मेरी पत्नी कुछ उत्तर देती, मैंने उत्तर दे दिया, 'भंगी।' 'भंगी' शब्द सुनते ही सन्नाटा छा गया।

रास्ते भर दोनों परिवारों में कोई संवाद नहीं हुआ। एक ऐसी दीवार बीच में खड़ी हो गयी थी, जैसे हमने किसी चोर-दरवाजे से घुसकर उनकी हँसी-खुशी में खलल डाल दी थी। माहौल बोझिल हो गया था। बहुत तकलीफदेह हो गयी थी यात्रा।

ऐसी एक नहीं, अनेक घटनाएँ हैं। बचपन से लेकर आज तक न जाने कितने दंश जिस्म पर ही नहीं, मन पर भी चुभे हैं। इस घृणा-द्वेष के पीछे कौन-से ऐतिहासिक कारण हैं? जब-जब भी वर्ण व्यवस्था को आदर्श मानने वाले और हिंदुत्व पर गर्व करने वालों से पूछता हूँ, तो सीधे उत्तर देने के बजाय वे बात को अक्सर टाल जाते हैं या नाराज हो जाते हैं। ज्ञान की बड़ी-बड़ी बातें कहेंगे, लेकिन इस सच्चाई को स्वीकार नहीं करेंगे कि आदमी को जन्म के आधार पर मानवीय सम्मान से वंचित रखना किसी भी तरह न्यायसंगत नहीं है। सवर्णों के मन में कई प्रकार के पूर्वाग्रह हैं, जो आपसी संबंधों को सहज नहीं होने देते।

मेरा जन्म जनपद मुजफ्फरनगर (उत्तर प्रदेश) के बरला गाँव में हुआ था। बरला गाँव में त्यागियों का बाहुल्य है। शक्ति, सम्पन्नता, पर उनका हक है। गाँव की 35 प्रतिशत जमीन पर त्यागियों का कब्जा था। जहाँ हम रहते थे, लगभग तीस परिवारों का बगड़ था। गाँव के पश्चिम में तीन ओर से एक बड़े-से जोहड़ ने सीमा बाँध रखी थी इस बगड़ की। उसके बाद कुछ परिवार मुसलमान जुलाहों के थे।

उसी बगड़ में हमारा परिवार रहता था। पाँच भाई, एक बहन, दो चाचा, एक ताऊ का परिवार। चाचा और ताऊ अलग रहते थे। घर में सभी कोई न कोई काम करते थे। फिर भी दो वक्त की रोटी ठीक ढंग से नहीं मिल पाती थी। तगाओं के घरों में साफ-सफाई से लेकर, खेती-बाड़ी, मेहनत-मजदूरी सभी काम होते थे। ऊपर रात-बे-रात बेगार करनी पड़ती। बेगार के बदले में कोई पैसा या अनाज नहीं मिलता था। बेगार के लिए ना कहने की हिम्मत किसी में नहीं थी। गाली-गलौज, प्रताड़ना अलग। नाम लेकर पुकारने की किसी को आदत नहीं थी। उम्र में बड़ा हो तो 'ओ चूहड़े', बराबर या उम्र में छोटा है तो 'अबे चूहड़े के' यही तरीका था संबोधन का।

हमारे मोहल्ले में एक ईसाई आते थे। नाम था सेवक राम मसीही। चूहड़ों के बच्चों को घेरकर बैठे रहते थे। पढ़ना-लिखना सिखाते थे। सरकारी स्कूलों में तो कोई घुसने नहीं देता था। सेवक राम मसीही के पास सिर्फ मुझे ही भेजा गया था। भाई तो काम करते थे। बहन को स्कूल भेजने का सवाल ही नहीं था।

मास्टर सेवक राम मसीही के खुले, बिना कमरों, बिना टाट-चटाईवाले स्कूल में अक्षर ज्ञान शुरू किया था। एक दिन सेवक राम मसीही और मेरे पिताजी में कुछ खटपट हो गई थी। पिताजी मुझे लेकर बेसिक प्राइमरी विद्यालय गए थे जो कक्षा पाँच तक था। वहाँ मास्टर हरफूल सिंह थे। उनके सामने मेरे पिताजी ने गिड़गिड़ाकर

कहा था, 'मास्टरजी, थारी मेहरबान्नी हो जागी जो म्हारे इस जाकत (बच्चा) कू बी दो अक्षर सिखा दोगे।' (तुम्हारी मेहरबानी हो जाएगी जो मेरे इस बच्चे को भी दो अक्षर सिखा दोगे।)

मास्टर हरफूल सिंह ने अगले दिन आने को कहा था। पिताजी अगले दिन फिर गए। कई दिन तक स्कूल के चक्कर काटते रहे। आखिर एक दिन स्कूल में दाखिला मिल गया। उन दिनों देश को आज़ादी मिले आठ साल हो गए थे। गाँधी जी के अछूतोद्धार की प्रतिध्वनि सुनाई पड़ती थी। सरकारी स्कूलों के दरवाजे अछूतों के लिए खुलने शुरू तो हो गए थे, लेकिन आम जनता की मानसिकता में कोई विशेष बदलाव नहीं आया था। स्कूल में दूसरों से दूर बैठना पड़ता था, वह भी जमीन पर। अपने बैठने की जगह तक आते-आते चटाई छोटी पड़ जाती थी। कभी-कभी तो एकदम पीछे दरवाजे के पास बैठना पड़ता था जहाँ से बोर्ड पर लिखे अक्षर धुँधले दिखते थे।

Notes

Caste system and untouchables

The caste system is a system of social stratification which has existed in India for centuries. It is often associated with the Hindu religion, but is also observed by people from other religions. Although originally linked to a person's profession, caste soon became hereditary with each person born into one of the four main castes. There are also the untouchables (or Dalits) who are born outside of the caste system. In the past, the untouchables were considered so impure that a caste member would not have any contact with them.

Dalit literature

Dalit literature started gaining prominence in the 1960s through poems, short stories and autobiographies, and was known for highlighting the social realities faced by Dalits, including poverty, discrimination and oppression at the hands of higher-caste Hindus. Parallels have been drawn between Dalit literature and North American slave narratives within African-American literature, particularly in their portrayal of segregation and social injustices.

Reservation system in India today (positive discrimination)

Gandhi is famous for helping lead the way to Indian independence from British rule, which was gained in 1947, and for his philosophy of non-violence (*ahimsa*). In his later life, Gandhi devoted time to fighting inequality for untouchables, campaigning for them to receive equal treatment under the proposed constitution for the newly independent India. Since independence, various laws have been enacted and various initiatives taken to improve the position of lower castes within Indian society. In particular, quotas have been introduced to ensure that there are a certain minimum number of people from lower castes attending universities and working within government. This type of positive discrimination has proved controversial.

Glossary

आत्मकथा	f.	autobiography
के आसपास	post.	around, about
भ्रमण	m.	tour
(से) होकर	post.	via
संभ्रांत	adj.	respected, well-to-do
सुखद	adj.	pleasant
वातावरण	m.	atmosphere, environment
चर्चा	f.	conversation
घुल-मिलना	vi.	to be on intimate terms
स्त्री	f.	woman, lady, wife
अपरिचय	m.	unfamiliarity
दीवार	f.	wall
अचानक	adv.	suddenly
सहजता	f.	simplicity, ease
उत्तर	m.	response
जात (जाति)	f.	caste
प्रश्न	m.	question
फक	adj.	pale
फक पड़ना	vi.	to turn pale
माहौल	m.	atmosphere
बिगड़ना	vi.	to be ruined
स्वादिष्ट	adj.	tasty
मक्खी	f.	housefly
भंगी	m.	sweeper caste
सन्नाटा	m.	silence
चोर दरवाज़ा	f.	back door
ख़लल	f.	interruption, disturbance
बोझिल	adj.	heavy
तकलीफ़देह	adj.	troublesome, distressful
यात्रा	f.	journey
बचपन	m.	childhood
दंश	m.	sting, bite
जिस्म	m.	body

चुभना	vt.	to prick, pierce
घृणा	f.	hatred
द्वेष	m.	hatred
ऐतिहासिक	adj.	historical
वर्ण व्यवस्था	f.	caste system
मानने वाला	m.	believer
हिंदुत्व	m.	Hindu identity; Hindu qualities
गर्व	m.	pride
अक्सर	adv.	often
टालना	vt.	to avoid, to deflect
नाराज़	adj.	angry
ज्ञान	m.	knowledge, wisdom
स्वीकार करना	vt.	to accept
के आधार पर	post.	on the basis of
मानवीय	adj.	human
वंचित	adj.	deprived
न्यायसंगत	adj.	just, lawful
सवर्ण	m.	upper caste member
प्रकार	m.	type, manner
पूर्वाग्रह	m.	bias, prejudice
आपसी	adj.	mutual
त्यागी	pn.	Tyāgī, landowners of the Brahmin caste
बाहुल्य	m.	abundance
शक्ति	f.	strength, power
सम्पन्नता	f.	wealth
प्रतिशत	m.	per cent
कब्ज़ा	m.	grasp, occupancy
बगड़	f. reg.	enclosure, house
जोहड़	m. reg.	small lake or pool
सीमा	f.	border
तगा	pn.	an alternative form of त्यागी
घेर	m.	boundary
मुसलमान	m.	Muslim
जुलाहा	m.	weaver
ताऊ	m.	uncle (father's older brother)

मज़दूरी	f.	labour
रात-बे-रात	adv.	night or day
बेगार	f.	unpaid labour
के बदले में	post.	in return for
अनाज	m.	grain
गाली	f.	abusive language, abuse
गलौज	f.	name-calling
प्रताड़ना	f.	scolding
पुकारना	vt.	to call
आदत	f.	habit
चूहड़ा	m.	a caste who are traditionally sweepers
अबे	interj. pej.	you! wretch!
संबोधन	m.	form of address
मोहल्ला	m.	neighbourhood
ईसाई	adj. & m.	Christian
घेरना	vt.	to gather up
टाट	m.	sackcloth
चटाई	f.	a mat woven from leaves, can be used for sitting on the floor
अक्षर	m.	letter of the alphabet
खटपट	f.	clashing
गिड़गिड़ाना	vi.	to plead
चक्कर काटना	vt.	to make rounds
आज़ादी	f.	freedom
अछूत	m.	untouchable
अछूतोद्धार	m.	improvement of the condition of untouchables
प्रतिध्वनि	f.	echo, resonance
जनता	f.	public, masses
मानसिकता	f.	mentality, psyche
बदलाव	m.	change
धुँधला	adj.	foggy, blurred

Idioms and expressions

अपरिचय की दीवार जल्दी टूटती है: Barriers come down soon(er).

Grammar notes

Subjunctive with जैसे

The subjunctive is commonly used in clauses with जैसे ('as if') to indicate a hypothetical situation

सारा माहौल बिगड़ गया था, **जैसे** स्वादिष्ट व्यंजन में मक्खी गिर गयी **हो**।
The whole atmosphere was ruined, as if a fly had fallen into a tasty dish.

Reduplication

As seen in Chapter 13, repetition of an imperfective participle shows a continuing or repeated action over a period of time. Alternatively this usage can demonstrate an action taking place in parallel with the main verb of the clause. The use of the hyphen is optional.

अपने बैठने की जगह तक **आते-आते** चटाई छोटी पड़ जाती थी।
By the time I got to my place to sit, the mat would get smaller.

Implied postposition

In certain adverbial expressions such as expressions of time, an implied postposition (e.g. में) puts the noun into the oblique case.

उन **दिनों**
In those days

True or false

Based on the text, are the following statements true or false? Correct them where necessary.

1. रेल गाड़ी में लेखक और उसकी पत्नी के पास वाली सीट पर बैठा हुआ आदमी सरकार के लिए काम करता है।
2. अगर वर्ण व्यवस्था को आदर्श मानने वाले और हिंदुत्व पर गर्व करने वालों से जाति पर आधारित घृणा-द्वेश के बारे में पूछा जाए तो वे सीधा जवाब नहीं देते।

3. गाँव में लेखक के परिवार के सभी सदस्य काम करते थे लेकिन फिर भी दो वक्त की रोटी ठीक ढंग से नहीं मिलती।
4. मास्टर सेवक राम मसीही सरकारी स्कूल में पढ़ाते थे।
5. सेवक राम मसीही के पास सिर्फ़ लेखक को ही भेजा गया था।

Answer the following questions based on the text

1. जयपुर से दिल्ली की यात्रा के दौरान रेल गाड़ी में वातावरण शुरू में कैसा था, और बाद में बदलकर कैसा हो गया? इस बदलाव का कारण क्या था?
2. कैसे पता चलता है कि अधिकारी की पत्नी के प्रश्न को सुनकर लेखक की पत्नी परेशान हो जाती है?
3. हिंदुत्व पर गर्व करनेवाले किस बात को स्वीकार नहीं करते?
4. लेखक को सरकारी स्कूल में दाखिला कैसे मिला?
5. सरकारी स्कूल में बोर्ड पर लिखे हुए अक्षर कभी कभी धुँधले क्यों दिखते थे?

Word activities

Synonyms: Scan the text to find synonyms for the following words. If required use a dictionary to help you.

(a) वातावरण →
(b) सफ़र →
(c) शरीर →
(d) क़िस्म →
(e) सुंदरता →
(f) बातचीत →
(g) आम →
(h) पत्नी →
(i) जवाब →
(j) सवाल →

Word derivation: The following words are derivationally related to a word in the text. Scan the text to find the related word.

(a) बच्चा	m.	child	→
(b) बोझ	m.	weight, burden	→
(c) इतिहास	m.	history	→

(d) मज़दूर	m.	labourer	→
(e) आज़ाद	adj.	free	→
(f) i. मन	m.	mind	→
ii. मानसिक	adj.	mental	
(g) बदलना	vt.	to change	→
(h) मानव	m.	human	→
(i) स्वाद	m.	taste	→
(j) सुख	m.	pleasure, joy	→
(k) न्याय	m.	justice	→
(l) तकलीफ़	f.	trouble, distress	→

Further activities

1. Write a few sentences describing the incident in the train.
2. Summarise the author's early years in the village.
3. The author uses figurative language such as metaphor within the text. Find some instances of this and explain the meanings in your own words.
4. This excerpt can be divided into three sections: the incident on the train, the description of early years, and an interlinking paragraph. Compare the type of language used in each section, considering factors such as register, word order, sentence length, use of metaphor, etc.
5. Write a few paragraphs describing your reaction and feelings after having read the excerpt. Discuss your views with your classmates.

Chapter 16 पिता के पत्र

The text in this chapter is an excerpt from the Hindi translation of *Letters from a Father to His Daughter*, written by Jawaharlal Nehru (1889–1964) for his daughter Indira Gandhi, published in 1929.

Nehru served as the first prime minister of independent India from its independence in 1947 until his death. When Indira Gandhi was around 10 years old Nehru wrote her a series of letters whilst she spent the summer in Mussoorie, away from the family home in Allahabad. The collection of 30 letters on the subject of natural history, ancient civilisations, and the progress and development of mankind were translated into Hindi by Munshi Premchand (1880–1936) under the title पिता के पत्र.

Premchand is considered to be one of the pre-eminent Hindi–Urdu writers of the twentieth century, having published over 300 short stories and 14 novels. He was also regarded as a skilled translator, having translated several works by authors such as Tolstoy, Dickens and Wilde amongst others.

Pre-reading

1. Based on the title of the following letter what predictions can you make about the content?
2. Skim read the letter by reading the initial couple of sentences of each paragraph and then modify your initial predictions made in the question above.

Text

आदमियों की क़ौमें और ज़बानें

हम यह नहीं कह सकते कि दुनिया के किस हिस्से में पहले-पहल आदमी पैदा हुए। न हमें यही मालूम है कि शुरू में वे कहां आबाद हुए। शायद आदमी एक ही वक़्त में, कुछ आगे-पीछे दुनिया के कई हिस्सों में पैदा हुए। हां, इसमें ज़्यादा संदेह नहीं है कि ज्यों-ज्यों बर्फ़ के ज़माने के बड़े-बड़े बर्फ़ीले पहाड़ पिघलते और उत्तर की ओर हटते जाते थे, आदमी ज़्यादा गर्म हिस्सों में आते-जाते थे। बर्फ़ के पिघल जाने के बाद बड़े-बड़े मैदान बन गए होंगे, कुछ उन्हीं मैदानों की तरह जो आजकल साइबेरिया में हैं। इस ज़गीन पर घास उग आई और आदमी अपने जानवरों को चराने के लिए इधर-उधर घूमते-फिरते होंगे। जो लोग किसी एक जगह टिक कर नहीं रहते बल्कि हमेशा घूमते रहते हैं, 'ख़ानाबदोश' कहलाते हैं। आज भी हिंदुस्तान और बहुत से दूसरे मुल्कों में ये ख़ानाबदोश या बंजारे मौजूद हैं।

आदमी बड़ी-बड़ी नदियों के पास आबाद हुए होंगे, क्योंकि नदियों के पास की ज़मीन बहुत उपजाऊ और खेती के लिए बहुत अच्छी होती है। पानी की तो कोई कमी थी ही नहीं और ज़मीन में खाने की चीज़ें आसानी से पैदा हो जाती थीं, इसलिए हमारा ख़्याल है कि हिंदुस्तान में लोग सिंध और गंगा जैसी बड़ी-बड़ी नदियों के पास बसे होंगे, मेसोपोटैमिया में दजला और फ़रात के पास, मिस्र में नील के पास और उसी तरह चीन में भी हुआ होगा।

हिंदुस्तान की सबसे पुरानी क़ौम, जिसका हाल हमें कुछ मालूम है, द्रविड़ है। उसके बाद, हम जैसा आगे देखेंगे, आर्य आए और पूरब में मंगोल जाति के लोग आए। आजकल भी दक्षिणी हिंदुस्तान के आदमियों में बहुत से द्रविड़ों की संतानें हैं। द्रविड़ जाति वालों ने बड़ी उन्नति कर ली थी, उनकी अलग एक ज़बान थी और वे दूसरी जाति वालों से बड़ा व्यापार भी करते थे। लेकिन हम बहुत तेज़ी से बढ़े जा रहे हैं।

उस ज़माने में पश्चिमी-एशिया और पूर्वी-यूरोप में एक नई जाति पैदा हो रही थी। यह आर्य कहलाती थी। संस्कृत में आर्य शब्द का अर्थ है शरीफ़ आदमी या ऊंचे कुल का आदमी। संस्कृत आर्यों की एक ज़बान थी इसलिए इससे मालूम होता है कि वे लोग अपने को बहुत शरीफ़ और ख़ानदानी समझते थे। ऐसा मालूम होता है कि वे लोग भी आजकल के आदमियों की ही तरह शेख़ीबाज़ थे। तुम्हें मालूम है कि अंग्रेज़ अपने को दुनिया में सबसे बढ़कर समझता है, फ़्रांसीसी का भी यही ख़्याल है कि मैं ही सबसे बड़ा हूँ, इसी तरह जर्मन, अमेरिकन और दूसरी जातियां भी अपने ही बड़प्पन का गाना गाती हैं।

ये आर्य उत्तरी-एशिया और यूरोप के चरागाहों में घूमते रहते थे। लेकिन जब उनकी आबादी बढ़ गई और पानी और चारे की कमी हो गई तो उन सबके लिए खाना मिलना मुश्किल हो गया इसलिए वे खाने की तलाश में दुनिया के दूसरे हिस्सों में जाने के लिए मजबूर हुए। एक तरफ़ तो वे सारे यूरोप में फैल गए, दूसरी तरफ़ हिंदुस्तान, ईरान और मेसोपोटैमिया में आ पहुंचे। इससे मालूम होता है कि यूरोप, उत्तरी हिंदुस्तान और मेसोपोटैमिया की सभी जातियां असल में एक ही पुरखों की संतान हैं, यानी आर्यों की; हालांकि आजकल उनमें बड़ा फ़र्क़ है। यह तो मानी हुई बात है कि इधर बहुत ज़माना गुज़र गया और तब से बड़ी-बड़ी तब्दीलियां हो गईं और क़ौमें आपस में बहुत कुछ मिल गईं। इस तरह आज की बहुत सी जातियों के पुरखे आर्य ही थे।

दूसरी बड़ी जाति मंगोल है। यह सारे पूर्वी एशिया अर्थात् चीन, जापान, तिब्बत, स्याम (अब थाइलैंड) और बर्मा में फैल गई। अफ़्रीका और कुछ दूसरी जगहों के आदमी न आर्य हैं न मंगोल। अरब और फ़िलिस्तीन की जातियां - अरबी और यहूदी - एक दूसरी ही जाति से पैदा हुईं।

ये सभी जातियां हज़ारों साल के दौरान में बहुत सी छोटी-छोटी जातियों में बंट गई हैं और कुछ मिल-जुल गई हैं। मगर हम उनकी तरफ़ ध्यान न देंगे। भिन्न-भिन्न जातियों को पहचानने का एक अच्छा और दिलचस्प तरीक़ा उनकी ज़बानों को पढ़ना है। शुरू-शुरू में हरेक जाति की एक अलग ज़बान थी, लेकिन ज्यों-ज्यों दिन गुज़रते गए उस एक ज़बान से बहुत सी ज़बानें निकलती गईं। लेकिन ये सब ज़बानें एक ही मां की बेटियां हैं। हमें उन ज़बानों में बहुत से शब्द एक से ही मिलते हैं और इससे मालूम होता है कि उनमें कोई गहरा नाता है।

जब आर्य एशिया और यूरोप में फैल गए तो उनका आपस में मेलजोल न रहा। उस ज़माने में न रेलगाड़ियां थीं, न तार व डाक, यहां तक कि लिखी किताबें तक न थीं। इसलिए आर्यों का हरेक हिस्सा एक ही ज़बान को अपने-अपने ढंग से बोलता था, और कुछ दिनों के बाद यह असली ज़बान से बिलकुल अलग हो गई। यही वजह है कि आज दुनिया में इतनी ज़बानें मौजूद हैं।

लेकिन अगर हम इन ज़बानों को ग़ौर से देखें तो मालूम होगा कि हालांकि वे बहुत सी हैं, असली ज़बानें बहुत कम हैं। मिसाल के तौर पर देखो कि जहां-जहां आर्य जाति के लोग गए वहां उनकी ज़बान आर्य ख़ानदान की ही रही है। संस्कृत, लैटिन, यूनानी, अंग्रेज़ी, फ़्रांसीसी, जर्मन, इटालियन और कई दूसरी ज़बानें सब बहनें हैं और आर्य ख़ानदान की ही हैं। हमारी हिंदुस्तानी ज़बानों में भी जैसे हिंदी, उर्दू, बंगला, मराठी और गुजराती सब संस्कृत की संतान हैं और आर्य परिवार में शामिल हैं।

ज़बान का दूसरा बड़ा ख़ानदान चीनी है। चीनी, बर्मी, तिब्बत और स्यामी ज़बानें उसी से निकली हैं। तीसरा ख़ानदान शेम ज़बान का है जिससे अरबी और इबरानी ज़बानें निकली हैं।

कुछ ज़बानें जैसे तुर्की और जापानी इनमें से किसी ख़ानदान में नहीं हैं। दक्षिणी हिंदुस्तान की कुछ ज़बानें, जैसे तमिल, तेलुगु, मलयालम और कन्नड़ भी उन ख़ानदानों में नहीं हैं। ये चारों द्रविड़ ख़ानदान की हैं और बहुत पुरानी हैं।

Notes

Language families

There are over 20 official languages of India and many more other unofficial languages. The main language groups in India are the Indo-Aryan or Indic languages (a sub-branch of the Indo-European language family) and Dravidian languages. Hindi is classified as an Indo-Aryan language. Other Indo-Aryan languages include Urdu, Bengali, Marathi and Gujarati. Dravidian languages are mainly spoken in South India. Examples include Tamil, Telugu, Malayalam and Kannada.

Indo-European languages comprise most of the Indic languages, languages of the Iranian plateau, and the major current languages of Europe. Notable exceptions are Finnish and Hungarian. All members of the Indo-European language family are presumed to be descendants of a common ancestor, referred to by linguists as the Proto-Indo-European language or PIE.

Glossary

क़ौम	f.	nation, people, community
ज़बान	f.	language, tongue
पहले-पहल	adv.	at first
आबाद होना	vi.	to populate, to settle
ज्यों-ज्यों	adv.	as
बर्फ़	f.	ice, snow
ज़माना	m.	age, era
बर्फ़ीला	adj.	icy, snowy
पहाड़	m.	mountain
पिघलना	vi.	to thaw, to melt
उत्तर	m. & adj.	north
मैदान	m.	field, open land
घास	f.	grass
चराना	vt.	to graze
टिकना	vi.	to be fixed
ख़ानाबदोश	m.	nomad
मुल्क	m.	country
बंजारा	m.	gypsy
नदी	f.	river
उपजाऊ	adj.	fertile
मिस्र	m.	Egypt
द्रविड़	adj.	Dravidian
आर्य	adj.	Aryan
पूरब	m. & adj.	east
जाति	f.	race
दक्षिणी	adj.	southern
संतान	f.	progeny, offspring
उन्नति करना	vt.	to progress
व्यापार	m.	trade, business
पूर्वी	adj.	eastern
कहलाना	vi.	to be called
शरीफ़	adj.	noble

कुल	m.	tribe, family
ख़ानदानी	adj.	of good family, familial
शेख़ीबाज़	m.	someone who boasts, a show-off
बड़प्पन	m.	greatness
चरागाह	m.	meadow, pasture
चारा	m.	fodder
मजबूर होना	vi.	to be compelled, to be helpless
पुरखा	m.	ancestor
तब्दीली	f.	change
आपस में	adv.	among themselves
अर्थात्	conj.	that is to say, in other words
हरेक	adj.	each
गहरा	adj.	deep
नाता	m.	relationship
तार	f.	wire
ढंग	m.	manner
ग़ौर से	adv.	carefully

Idioms and expressions

अपने बड़प्पन का गाना गाना: to sing one's own praises

Grammar notes

Pair words

When two words of opposite meaning are paired (optionally with a hyphen) the sense conveyed can be either 'and' or 'or'.

इधर-उधर
here and there; here or there

When two words of the same or similar meaning are paired (optionally with a hyphen) it can have the effect of 'generalising' the sense.

घूमते-फिरते
wandering around

Pairing adjectives can have the effect of intensifying the meaning.

बड़े-बड़े
really big; great big

Compound verbs with पहुँचना

The verbs आना and जाना in a compound formation with पहुँचना tend to emphasise the implications of the arrival.

वे हिंदुस्तान, ईरान और मेसोपोटैमिया में **आ पहुँचे।**
They turned up in Hindustan, Iran and Mesopotamia.

Imperfective participle with रहना and जाना

As noted earlier in Chapters 7 and 8, the use of the imperfective participle with रहना and जाना expresses continuity and repetition. Used with जाना there is the added sense of a gradual progression.

ये आर्य उत्तरी-एशिया और यूरोप के चरागाहों में **घूमते रहते थे।**
These Aryans kept on wandering in the meadows of Northern Asia and Europe.

ज्यों-ज्यों दिन गुज़रते गए उस एक ज़बान से बहुत सी ज़बानें **निकलती गईं।**
As the days went on passing, many languages went on emerging from that one language.

True or false

Based on the text, are the following statements true or false? Correct them where necessary.

1. गंगा नदी के किनारे खेतों में फ़सलें आसानी से उगती होंगी।
2. द्रविड़ जाति वाले हिंदुस्तान में आर्यों के बाद आबाद हुए।
3. यूरोप और उत्तरी हिंदुस्तान की क़ौमें आर्य लोगों की संतान हैं।
4. अरबी और यहूदी लोग एक ही पुरखों की संतान हैं।
5. हिंदुस्तान की सब ज़बानें एक ही माँ की बेटियाँ हैं।

Answer the following questions based on the text

1. आदमी दुनिया के ज़्यादा हिस्सों में कब और क्यों घूमने लगे?
2. लोग सिंध और गंगा के किनारे क्यों आबाद हुए होंगे?
3. आर्य लोगों की मजबूरी क्या थी जिस की वजह से उन्हें हिंदुस्तान भी आना पड़ा?

4. जिस ज़माने में आर्य लोग दुनिया में फैल रहे थे, तब आधुनिक सुविधाएँ (जैसे डाक या तार) के न होने से उनकी ज़बान पर क्या प्रभाव पड़ा?
5. अगर हम अलग अलग ज़बानों को ग़ौर से देखें तो हमें क्या मालूम होगा?

Word activities

Synonyms: The words in the left hand column can be found in the text. Match them up with their correct synonym in the right hand column. Use a dictionary to help you. The first one is done for you.

(a)	किताब →	देश
(b)	संदेह	यानी
(c)	मुल्क	शक
(d)	असल में	बदलाव
(e)	अर्थात्	→ पुस्तक
(f)	तब्दीली	उदाहरण के लिए
(g)	नाता	आबाद होना
(h)	ग़ौर से	रिश्ता
(i)	मिसाल के तौर पर	परिवार
(j)	बसना	वास्तव में
(k)	भिन्न-भिन्न	ध्यान से
(l)	ज़बान	भाषा
(m)	ख़ानदान	अलग-अलग

Further activities

1. Make a list of the points that Nehru makes about the Aryan people.
2. Based on the list write a few paragraphs summarising the information you have gathered about the Aryans.
3. The text in this chapter is written in a fairly neutral register, with a balance of Perso-Arabic and Sanskritic vocabulary, but with a slight tendency towards the Perso-Arabic. Select two or three paragraphs and re-write them using a more formal Sanskritic register. Use a dictionary or other sources to help you find appropriate vocabulary.
4. Discuss with your classmates how different languages have developed and their relationships with each other, then write a brief essay on this topic.

Chapter 17 जीवन में मैं क्या बनना चाहता था

The following extract is from a short story taken from a collection entitled प्रतिनिधि व्यंग्य (Delhi, 1989). *Vyangya* or satire is a popular literary genre in Hindi.

The author of this short story, Ravindranath Tyagi, was born in 1931 in Uttar Pradesh. Tyagi's primary works are his collections of poems, but he has written many humorous and satirical sketches and short stories. The language that Tyagi uses in this extract is colloquial with a subtle flavour of sarcasm and humour.

As with the text in Chapter 15, this text also omits subscript dots which distinguish the sounds ज़ (z) and फ़ (f) that occur in Perso-Arabic and English loanwords. For example, डीजल, सिर्फ, इज्जत and मुसाफिर in place of डीज़ल, सिर्फ़, इज़्ज़त and मुसाफ़िर.

Pre-reading

1. Read the title of the story. What do you predict the content of the passage might be about?
2. Read the opening sentence of the story. What are your initial thoughts and feelings on reading this sentence?
3. Skim read the rest of the item by reading the first sentence of each paragraph. What further sense does this give you about the story?

Text

बाकी लोगों की भाँति अपने बचपन में मैं भी एक बच्चा ही था। उन दिनों मैं अपने पिता जी के साथ शाम को रेल देखने जाया करता था। मैं देखा करता था कि पहले सिगनल गिरता था, फिर इंजन का ड्राइवर गर्दन टेढ़ी करके हमेशा यह देखा करता था कि गार्ड साहब ने हरी झंडी या हरी बत्ती दिखाई या नहीं। जैसे ही गार्ड साहब हरी झंडी या हरी बत्ती दिखाते थे, वैसे ही ड्राइवर जो था वह इंजन की सीटी बजाता था और गाड़ी चलाना शुरू कर देता था। उन दिनों डीजल या बिजली के इंजन नहीं थे, सिर्फ स्टीम के इंजन होते थे जो छुक-छुक करते थे और खूब धुआँ छोड़ते थे। मैं ध्यानपूर्वक देखा करता था कि गार्ड साहब की कितनी इज्जत थी; उनकी झंडी के बिना गाड़ी चल नहीं सकती थी। और जैसे ही वह अपनी हरी बत्ती दिखाते थे, वैसे ही ड्राइवर को गाड़ी चलानी पड़ती थी चाहे मुसाफिर बैठे हों, उतरे हों या नहीं। मुझे इस बात को बताने में कोई संकोच नहीं है कि उन दिनों मेरे अपने जीवन में केवल रेलवे का गार्ड बनने की ही इच्छा थी। भगवान की कितनी कृपा रही कि मेरी वह इच्छा पूरी नहीं हुई।

थोड़ा और बड़ा होने पर मुझे अपने पिता से डर लगने लगा था। वे सबको गालियाँ देते थे, हम लोगों को मारते-पीटते थे, कमाते कुछ नहीं थे और हम लोगों को छोड़कर घर से भाग जाने की धमकी दिया करते थे। उन दिनों मैं सोचा करता था कि कितना अच्छा होता अगर उनकी जगह मैं स्वयं ही अपना पिता होता। कुछ तकनीकी कठिनाइयों की वजह से मेरा यह स्वप्न कभी साकार नहीं हुआ और मैं अपना बाप खुद नहीं बन सका।

थोड़ा और बड़ा होने पर मेरे विचार बदल गए। हमारे कस्बे के एक संभ्रांत सज्जन रिटायर होने के बाद अपने घर लौट आए और अपनी जागीर की देखभाल करने लगे। उनका नाम था रायबहादुर डॉक्टर कल्याण सिंह त्यागी। वे बर्मा में जेल के सुपरिंटेंडेंट थे। उन्हें रायबहादुर बनाने वाला जो आज्ञापत्र था, उस पर लार्ड इरविन के दस्तखत थे। वे कस्बे में रहकर भी बदले नहीं थे और बाकी देसी अंग्रेजों की भाँति तीन पीस का सूट पहनते थे, फैल्ट कैप लगाते थे और सिगार पीते थे। वे रोज शाम को शहर के एक दूसरे संभ्रांत व्यक्ति से मिलने जाया करते थे जो एक रिटायर्ड डिप्टी कलेक्टर थे। दोनों की खूब छनती थी। डॉक्टर कल्याण सिंह ने कस्बे के लिए बहुत कुछ किया। उन्होंने एक हाई स्कूल खुलवाया, लड़कियों के लिए अलग से एक मदरसा बनवाया और मुर्द-घाट पर एक टीन डलवाई ताकि वर्षा ऋतु में भी मुर्दों के फूँकने में कोई असुविधा न हो। टीन पड़ जाने से मुर्द-घाट इतना सुंदर हो गया था कि उसमें जलाए जाने की इच्छा काफी प्रबल हो जाती थी। मैं सोचता था कि बड़ा होने पर मैं भी उन्हीं की तरह शान से रहूँ और एक विधवाश्रम खोलूँ। मगर भाग्य ने मेरी यह इच्छा पूरी नहीं होने दी।

हमारे स्कूल के जो हैडमास्टर थे उनका नाम था रामचरण सिंह त्यागी। वे बड़े सख्त, अनुशासनप्रिय, नि:संतान और भीतर से बड़े ही कोमल हृदय व्यक्ति थे। वे हमें अंग्रेजी का व्याकरण पढ़ाया करते थे। मैं जिंदगी में जो कुछ भी बना, वह उन्हीं की सहायता से बना। काश, मैं भी उन्हीं की भाँति किसी की मदद कर सकता। उनका रोबदाब देखकर मैं यही सोचा करता था कि जिंदगी में कुछ बनना है तो हैडमास्टर ही बनना है। मगर मैं वैसा भी नहीं हो पाया।

यूनिवर्सिटी जाने पर मेरे सपनों का क्षितिज बहुत बड़ा हो गया। अब मैं दिलीप कुमार बनना चाहता था। 'नदिया के पार' और 'जोगन', इन दो चित्रों ने मुझे पागल बना दिया था। मैं एक कांफ्रेंस में भाग लेने बंबई गया तो दिलीप कुमार से मिलकर आया। उसी यात्रा के दौरान मैंने राज कपूर, नरगिस, निगार सुलताना और मुकरी से भेंट की। जहाँ तक अशोक कुमार का प्रश्न है, स्थिति यह रही कि काफी कोशिशें करने के बावजूद वे 'अशोक कुमार' के स्थान पर 'शोक कुमार' ही रहे। प्राण और ओम प्रकाश को हमने पास से देखा और गीता राय से भी मुलाकात की। बड़ी सुंदर युवती थी। पृथ्वीराज कपूर को मैंने पहले से इलाहाबाद में ही देख रखा था और उनको दोबारा देखने की कोई इच्छा नहीं थी। इतने वर्षों बाद भी – जबकि मैं अधेड़ हो चुका हूँ – मुझे यह कहने में कोई संकोच नहीं होता कि 'देवदास' के दिलीप कुमार, 'तीसरी कसम' के राज कपूर, 'परिणीता' के अशोक कुमार और 'गाइड' के देव आनंद को मैं जीते-जी कभी नहीं भुला सकता। और सबसे बड़ा था मोतीलाल जिसने 'देवदास' में चुन्नीलाल का रोल इतनी शान से अदा किया कि लगता था जैसे बिमल राय जो थे वे शरत बाबू से भी आगे निकल गए। मुझे सारी जिंदगी यही अफसोस रहेगा कि मैं मोतीलाल, वुडहाउस और स्तालिन को नहीं देख पाया।

स्टूडियो और शूटिंग देखने के बाद, फिल्मों में जाने की मेरी इच्छा सदा के लिए खत्म हो गई। देश के दुर्भागय से मैं चित्रपट का अभिनेता नहीं बना। हाँ, अलबत्ता उस सब के बरखिलाफ अब मैं सुमित्रानंदन पंत की भाँति उन जैसा ही एक कवि बनना चाहता था। मैंने भी अपने बाल बढ़ाए और उन्हीं की भाँति कोमलकांत पदावली की रचना करनी प्रारंभ की। मगर बाल बढ़ाने से ही तो कोई पंत या निराला नहीं बन सकता। पंत और निराला – दोनों बेहद सुंदर व्यक्ति थे। इधर मैं था कि लंबे-लंबे बालों के कारण ब्रह्मराक्षस लगने लगा। थोड़े दिनों बाद छायावाद की छाया मुझ पर से हट गई। गाँव आने से पहले ही मैंने अपने केश कटवा लिए। सिर को उस्तरे से साफ कराया गया जैसा कि 'बेनहर' के नायक ने किया था। 'बेनहर' पिक्चर उन्हीं दिनों देखी थी और उसका प्रभाव पड़ना स्वाभाविक था।

Notes

Devdās

Published in 1917, *Devdās* is a novel by the Bengali writer Sharat Chandra Chattopadhyay. It tells the story of the relationship between a young man (*Devdās*) from a wealthy Bengali family and his childhood love (Paro) from a lower caste. There have been several film versions of the book, including the 1955 version directed by Bimal Roy, starring Dilip Kumar and Suchitra Sen. More recently in 2009, Anurag Kashyap directed the film *Dev D* which is a modern day take on the classic novel.

Chāyāvād poetry movement

Chāyāvād, the 'reflectionist' or 'imagist' school of Hindi poetry is a prominent poetry movement from the mid-twentieth century. It marked a new romantic style of Hindi poetry. Famous poets from the movement include Sumitranandan Pant (1900–1977) and Suryakant Tripathi 'Nirala' (1896–1942), both of whom had long hair as referred to in the story above.

Glossary

की भाँति	post.	like
गर्दन	f.	neck
टेढ़ा	adj.	bent, crooked
गार्ड	m.	guard
हरा	adj.	green
झंडी	f.	small flag

बत्ती	f.	light
सीटी	f.	whistle
डीज़ल	m.	diesel
छुक-छुक	f.	chuff-chuff
धुआँ	m.	smoke
ध्यानपूर्वक	adj.	attentively
मुसाफ़िर	m.	traveller, passenger
बैठना	vi.	to sit, to get into (a vehicle)
संकोच	m.	hesitation
कृपा	f.	grace, favour
पीटना	vt.	to beat
धमकी	f.	threat
स्वयं	pro. & adv.	oneself (here: 'myself')
तकनीकी	adj.	technical
कठिनाई	f.	difficulty
स्वप्न	m.	dream
साकार होना	vi.	to take form, to become true
क़स्बा	m.	town
सज्जन	m.	gentleman
जागीर	f.	estate, land
रायबहादुर	m.	a title bestowed upon senior Indian citizens by the British Raj
आज्ञापत्र	m.	document, letter of authority
लार्ड इरविन	m.	Lord Irwin (Viceroy of India from 1926 to 1931)
दस्तख़त	m.	signature (usually used in the plural)
देसी अंग्रेज़	m.	'Indian Englishman', i.e. Indians who adopted British ways and customs
तीन पीस का सूट	m.	three-piece suit
फ़ैल्ट कैप	m.	felt cap
डिप्टी कलेक्टर	m.	Deputy Collector (a senior administrative officer)
छनना	vi.	to get on well
मदरसा	m.	school; Muslim school
मुर्द-घाट	m.	*ghāṭ* where bodies are burnt, crematorium
टीन	f.	tin, metal, a metal roof
वर्षा	f.	rain

ऋतु	f.	season
फूँकना	vt.	to burn, to set fire to
असुविधा	f.	inconvenience
प्रबल	adj.	strong, intense
शान	f.	pomp, grandeur
विधवाश्रम	m.	a home for widows
भाग्य	m.	fate, luck
अनुशासनप्रिय	adj.	fond of discipline
निःसंतान	adj.	childless
भीतर से	adv.	on the inside, from within
कोमल	adj.	soft, tender
हृदय	m.	heart
व्याकरण	m.	grammar
सहायता	f.	assistance
काश	conj.	if only, how I wish that
रोबदाब	m.	commanding presence, prestige
क्षितिज	m.	horizon
दिलीप कुमार	pn.	name of a film actor, as are most of the other names in this paragraph
चित्र	m.	picture, film
भाग लेना	vt.	to take part
भेंट करना	vt.	to meet
शोक	m.	grief, suffering (a play on the name अशोक which means 'without suffering')
वर्ष	m.	year
जीते-जी	adv.	whilst living; here: 'as long as I live'
भुलाना	vt.	to forget
अदा करना	vt.	to perform
शरत बाबू	pn.	referring to Sharat Chandra Chattopadhyay
आगे निकलना	vi.	to overtake, to excel
सदा	adv.	always
दुर्भाग्य	m.	bad luck, misfortune
चित्रपट	m.	screen, i.e. cinema
अलबत्ता	adv.	for sure, to be sure
के बरखिलाफ़	post.	contrary to

कवि	m.	poet
कोमलकांत	adj.	lyrical, tender
पदावली	f.	poetic work
रचना	f.	creation, composition
प्रारंभ करना	vt.	to begin
ब्रह्मराक्षस	m.	the ghost of a Brahmin, a demon
छाया	f.	shade, shadow, reflection
कटवाना	caus.	to have cut, to cause to cut
उस्तरा	m.	razor
बेनहर	pn.	*Ben Hur* (a classic American film)
नायक	m.	hero or protagonist of a film, play, novel etc.
प्रभाव	m.	influence, impact
स्वाभाविक	adj.	natural

Grammar notes

Perfective participle + करना

The perfective participle ending in -आ followed by करना indicates the intermittent habitual sense of a past action. When using the verb जाना in this type of construction the form of the perfective participle used is 'जाया'.

मैं अपने पिता जी के साथ रेल देखने **जाया करता था।**
I would go to watch the railway with my father.

मैं ध्यानपूर्वक **देखा करता था।**
I would watch attentively.

Emphasis with जो था

The phrase जो था is used to reaffirm the subject of the clause.

ड्राइवर **जो था** वह इंजन की सीटी बजाता था।
The driver, he . . .

बिमल राय **जो थे** वे शरत बाबू से भी आगे निकल गए।
Bimal Roy, he . . .

Causatives

As mentioned in Chapter 10, second causative verbs are used where the action is performed by an external agent. The stem of second causative verbs ends in -वा.

उन्होंने एक हाइ स्कूल **खुलवाया**, लड़कियों के लिए अलग से एक मदरसा **बनवाया** और मुर्द-घाट पर एक टीन **डलवाई**।
He had a high school opened, had a separate school made for girls, and had a tin roof installed on the crematorium.

Oblique infinitive + देना

This construction means 'to allow' or 'to let'

भाग्य ने मेरी यह इच्छा पूरी नहीं **होने दी**।
Fate didn't allow this desire of mine to be fulfilled.

काश + imperfective participle

The conjunction काश with the imperfective participle indicates an unfulfilled wish or regret.

काश, मैं भी किसी की मदद कर **सकता**।
If only I could help someone too.

Time expressions with बाद

The form बाद in expressions of time causes the noun to be oblique

इतने **वर्षों** बाद . . .
After so many years . . .

True or false

Based on the text, are the following statements true or false? Correct them where necessary.

1. गार्ड की हरी झंडी देखते ही इंजन के ड्राइवर को गाड़ी चलानी पड़ती थी।
2. डॉक्टर कल्याण सिंह और रिटायर्ड डिप्टी कलेक्टर की अच्छी दोस्ती थी।
3. पृथ्वीराज कपूर से नायक की भेंट केवल दो बार हुई।
4. बाल बढ़ाने से नायक निराला की तरह लगने लगा।
5. 'बेनहर' पिक्चर देखने से नायक को अपना सिर मुँडवाने की प्रेरणा मिली।

Answer the following questions based on the text

1. इस कहानी का नायक रेलवे का गार्ड क्यों बनना चाहता था?
2. नायक व्यंग्य से कहता है कि कितना अच्छा होता अगर वह स्वयं अपना पिता होता। यह विचार लेखक के मन में क्यों आया होगा?
3. मुर्द-घाट पर टीन डलवाने से कौनसी असुविधा हट गई?
4. नायक की ज़िंदगी पर उसके हैडमास्टर का प्रभाव कितना भारी था?
5. फ़िल्मों का अभिनेता न बनने पर नायक के विचार कहाँ चले जाते हैं?

Word activities

Synonyms: Scan the text to find synonyms for the following words. If required use a dictionary to help you.

(a)	स्वप्न	यात्री
(b)	मुसाफ़िर	की तरह
(c)	स्वयं	मौसम
(d)	की भाँति	सपना
(e)	वर्षा	बारिश
(f)	ऋतु	ख़ुद
(g)	हृदय	भेंट
(h)	सहायता	शुरू करना
(i)	भाग लेना	साल
(j)	मुलाक़ात	मदद
(k)	के स्थान पर	हिस्सा लेना
(l)	वर्ष	दिल
(m)	कवि	अंदर से
(n)	प्रारंभ करना	चाहत
(o)	के कारण	की जगह में
(p)	इच्छा	शायर
(q)	भीतर से	की वजह से

Word derivation: The following words are derivationally related to a word in the text. Scan the text to find the related word.

(a)	ध्यान	m.	care, attention	→
(b)	कठिन	adj.	hard, difficult	→
(c)	सुविधा	f.	convenience	→
(d)	शानदार	adj.	grand	→
(e)	संतान	f.	offspring	→
(f)	सफ़र	m.	journey	→
(g)	भाग्य	m.	luck, fate	→
	भाग्यवान	adj.	lucky	
(h)	i. व्यक्तित्व	m.	personality	→
	ii. व्यक्तिगत	adj.	personal	

Further activities

1. The author attempts to use sarcasm and humour, such as in the opening sentence of the text. Which other sentences from the passage can you identify that convey humour or sarcasm? Discuss with your classmates.
2. Write another one or two paragraphs to complete the story. Inject some humour or sarcasm into your paragraph(s).
3. When you were a child what did you want to be and why? And what about now? Discuss with your classmates.
4. The protagonist mentions that he was influenced by the film *Ben Hur*. Which film has influenced you and how? Write a short essay about this in Hindi.

Chapter 18 कच्छ की कुछ नमकीन यादें

The following item is a travel article from *Sarita* magazine, which is a popular Hindi magazine that has been published fortnightly since 1945. Sarita publishes general interest items including articles on politics, social issues, travel and fiction amongst others.

Pre-reading

1. What type of information would you expect to find in a magazine travel article?
2. Look at the title and images in the article and make some guesses about what you might find in this article?
3. Skim read the article then modify your initial guesses.

Text

कच्छ गुजरात और सिंध की ख़ूबसूरती का एक अनोखा मिश्रण है जहां हर दिशा में क्षितिज तक धरती अपने कई रंग बदलती है, और जहां नमक के समंदर का जैसा सफ़ेद दर्शन होता है। पढ़िए हमारा यात्रा अनुभव।

'आपने कच्छ नहीं देखा तो क्या देखा', कई बार मैंने यह बात सुनी थी कच्छ की एक दोस्त से जो गुजरात में बतौर गाइड और एम्बैसेडर काम करती है। उसकी ज़िंदगी के दो ही मक़सद हैं, ग़ैर-कच्छियों को कच्छ

के सौंदर्य का दर्शन कराकर उनके अनुभव का विस्तार करना और जब मौक़ा मिले, कच्छ से बाहर जाकर वहां की सभ्यता, संस्कृति व इतिहास के बारे में प्रचार-प्रसार करना। कच्छ से हमें रू-ब-रू कराने की ज़िम्मेदारी भी उसी ने ली थी।

वैसे तो रेगिस्तान, धूल, मिट्टी और रेत में मुझे कुछ ख़ास दिलचस्पी नहीं, लेकिन कच्छ में रेगिस्तान नहीं, रण है, सफ़ेद रण। रण का मतलब यों तो रेगिस्तान ही होता है और इस तरह का सफ़ेद रण दुनिया में दो ही जगह है, एक कच्छ में और दूसरा अमेरिका के यूटाह में। नमक और दलदल से भरे सफ़ेद रेत के समंदर की ख़ूबसूरती बॉलीवुड की फ़िल्मों के ज़रिए हम तक पहुंची है। यही कच्छ और यही सफ़ेद रेगिस्तान फ़िल्म 'बॉर्डर' और 'लगान' में दिखाई देता है।

वाक़ई ख़ूबसूरती वही है जिसे घंटों तक देखते रहने का दिल करे। कच्छ के रण की ख़ूबसूरती का अनुभव लेने के लिए हमने दिल्ली से अहमदाबाद होकर भुज तक का सफ़र तय किया।

भुज आते आते समझ में आने लगा कि कच्छ है तो गुजरात का अभिन्न अंग लेकिन वहां की संस्कृति गुजरात से थोड़ी अलग है। भौगोलिक रूप से कच्छ गुजरात का उत्तर-पश्चिमी हिस्सा है जिसकी सीमाएं एक ओर से पाकिस्तान के सिंध से लगती हैं। सो, यह इलाक़ा अपनी जीवनशैली, पहनावे और भाषा के लिहाज़ से गुजरात और सिंध का एक ख़ूबसूरत मिश्रण पेश करता है, और यहां का कण-कण कई दिलचस्प कहानियां कहता है, कुछ फ़क़ीरों की, कुछ संतों की, कुछ डाकुओं की, कुछ राजा-रानियों की और कुछ यहां के लोगों की।

कच्छ का एक बड़ा हिस्सा सफ़ेद रण की चादर है, इसलिए यहां आबादी बिखरी हुई है। गांव और शहर एक दूसरे से बहुत दूर हैं, लेकिन रण की वीरानी में रंग लोगों की पोशाकों में नज़र आते हैं। वैसे यही वजह है कि इतने ही सुन्दर रंग कच्छ के गीत संगीत में भी सुनाई देते हैं।

कच्छ के ठीक बीचोंबीच डिस्ट्रिक्ट हैडक्वाटर्स भुज, पश्चिम में लखपत, उत्तर में सफ़ेद रण, दक्षिण में मांडवी और पूर्व में ढोलावीरा हैं। भुज हमारा बेस कैंप भी है। यक़ीन नहीं होता कि यह वही शहर है जो २००१ के भूकंप में पूरी तरह तबाह हो गया था। तक़रीबन ६०० साल पुराना यह शहर कई छोटे बड़े क़िलों और झीलों का घर है। हम सबसे पहले कई महल देखने गए। इन में से एक है प्राग महल जो उन्नीसवीं सदी में बना हुआ सुन्दर महल है, जिसका डिज़ाईन इतालवी गोथिक शैली में किया गया था। भुज का संग्रहालय भी एक दर्शनीय स्थल है। हड़प्पा-मोहनजोदड़ो से लेकर भुज के इतिहास के कई निशान यहां मिलते हैं। हम घंटाघर भी देख आए। यहां से पूरा शहर नज़र आता है और जी में आता है, यहीं वक़्त को बांध लें। लेकिन घंटाघर के नाकाम हो जाने से वक़्त कहां थम जाया करता है? धूप चढ़ने लगी है और हम अब हमीरसर झील

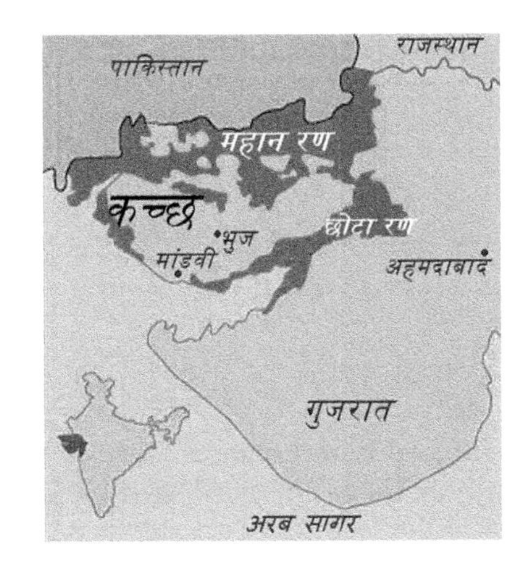

देखने आए हैं। झील में छलांग लगाते बच्चों को देखकर अपने सफ़र की थकान उतारने के लिए कुछ ऐसा ही करने का दिल करता है।

भुज के बाद हमारी अगली मंज़िल सफ़ेद रण है। मैंने कुछ तसवीरें देखी हैं इंटरनेट पर, कुछ लोगों के अनुभव भी पढ़े हैं, लेकिन सफ़ेद रंग के समंदर को देखने का अनुभव इन सबसे अलग है। जहां तक नज़रें जाती हैं, नमक की चादर सी बिछी दिखाई देती है यहां। दूर क्षितिज पर आसमान से धरती मिलती है जहां, वहां रंग बदलती है ज़मीन।

मैं जाते जाते मांडवी देखना चाहती हूं। मांडवी कच्छ का प्रमुख बंदरगाह हुआ करता था और भुज से क़रीब 60 किलोमीटर दूर है। राव विजय राजजी द्वारा बनवाया गया विजय विलास महल मांडवी का एक और रूप पेश करता है। यह हरे-भरे बाग़-बग़ीचों के बीच में राजस्थानी शैली में बना हुआ बहुत सुन्दर महल है। महल का एक हिस्सा ही सैलानियों के लिए खुला है और यहां अभी भी राज-परिवार रहता है। यहीं संजय लीला भंसाली ने अपनी फ़िल्म 'हम दिल दे चुके सनम' की शूटिंग की थी। यहां की बालकनी पर खड़े होकर हम फ़िल्म के कुछ गाने गुनगुनाते हैं। लेकिन यहां गुज़ारे लमहों में सबसे सुन्दर था पानी के पीछे डूबते सूरज को देखना। रंगीन आसमान, रंगीन पानी और हवाओं से बातें करते समंदर पर उड़ते पक्षी कमाल का नज़ारा पेश कर रहे थे।

विजय विलास महल

कच्छ से जाने का वक़्त हो चला है और हम भुज लौट आए। कहते हैं कि नमक का रेगिस्तान देखने से कोई कच्छ थोड़े ही देख लेता है। कच्छ से रू-ब-रू होने के लिए गांवों-गलियों में भटकना होता है, दुपट्टे पर रंग-बिरंगे सूतों से कढ़ाई करती महिलाओं से कच्छ की कहानियां सुननी होती हैं, और इकतारे पर जेसल तोरल की कहानी सुननी होती है। कच्छ की यात्रा मेरी किसी भी सोच, किसी कल्पना से परे थी और इन सारे विचारों को अपने दिल में बसाए हम दिल्ली लौट आए हैं। कच्छ हमें फिर बुलाएगा ज़रूर।

Notes

Jesal–Toral

The region of Kutch in Gujarat is the setting for a well-known folk tale called Jesal and Toral. Today, the tomb of Jesal–Toral in the town of Anjar in Kutch is a pilgrimage site.

Glossary

नमकीन	adj.	salty; charming
अनोखा	adj.	unique
धरती	f.	earth, ground
समंदर	m.	sea
दर्शन	m.	viewing, seeing
ग़ैर-कच्छी	adj.	non-Kutchie
विस्तार	m.	expansion
विस्तार करना	vt.	to expand
सभ्यता	f.	politeness, civilisation
प्रचार	m.	spreading, publicity
प्रसार	m.	spread, diffusion
रू-ब-रू	adv.	face-to-face
रेगिस्तान	m.	desert
रेत	f.	sand
रण	m.	'Rann', meaning 'desert', refers to the Rann of Kutch, a seasonal salt marsh located in the Thar Desert
दलदल	f. & m.	marsh, swamp
(का) दिल करना	vt.	to feel like, to desire
अभिन्न	adj.	inseparable, integral
अंग	m.	organ, component
भौगोलिक	adj.	geographical
भौगोलिक रूप से	adv.	geographically
जीवनशैली	f.	life style
पहनावा	m.	costume, mode of dress
के लिहाज़ से	post.	from the point of view of
पेश करना	vt.	to present
कण	m.	particle, grain of sand
फ़क़ीर	m.	mystic
संत	m.	saint
डाकू	m.	dacoit, bandit
चादर	f.	sheet
आबादी	f.	population
वीरानी	f.	desolation

पोशाक	f.	dress, costume
गीत	m.	song
के बीचोंबीच	post.	at the centre, in the middle
दक्षिण	adj.	south
पूर्व	adj.	east
भूकंप	m.	earthquake
तबाह	adj.	destroyed
झील	f.	lake
महल	m.	palace
इतालवी	adj.	Italian
शैली	f.	style
संग्रहालय	m.	museum
दर्शनीय	adj.	worth seeing
स्थल	m.	site, place
निशान	m.	sign, mark
घंटाघर	m.	clock-tower
जी	m.	mind, heart
जी में आना	vi.	to come to mind
नाकाम	adj.	useless, not working
थमना	vi.	to be still
धूप	f.	sunshine
चढ़ना	vi.	to rise up, to ascend
छलांग	f.	leap
छलांग लगाना	vt.	to leap
उतारना	vt.	to remove
मंज़िल	f.	here: destination
नज़र	f.	sight, vision, glance
बिछना	vi.	to be spread
प्रमुख	adj.	main, principle
बंदरगाह	m.	port
हरा-भरा	adj.	lush, thriving
सैलानी	m.	tourist, sightseer
गुनगुनाना	vt.	to hum
गुज़ारना	vt.	to spend (time)
लमहा	m.	moment

डूबना	vi.	to sink
सूरज	m.	sun
हवा	f.	wind, air
उड़ना	vi.	to fly
पक्षी	m.	bird
नज़ारा	m.	scene, view
थोड़े ही	adv.	little indeed, by no means, hardly
भटकना	vi.	to wander
दुपट्टा	m.	scarf, veil
रंग-बिरंगा	adj.	multicoloured
सूत	m.	thread, yarn
कढ़ाई	f.	embroidery
इकतारा	m.	one-string musical instrument
जेसल-तोरल	pn.	Jesal and Toral – a folk tale
कल्पना	f.	something imagined; imagination
से परे	post.	beyond
बसाना	vt.	to settle
दिल में बसाना	vt.	to keep close to the heart, to keep in one's heart

Grammar notes

Pairing or reduplication of nouns

A repeated noun can indicate a sense of variety or multiplicity.

कण-कण
Each and every particle; each and every grain of sand

Participles without the auxiliary

We noted in Chapter 12 that it is common to see participles used adverbially and adjectivally without the auxiliary हुआ, हुए or हुई, and this does not change the meaning.

समंदर पर **उड़ते** पक्षी कमाल का नज़ारा पेश कर रहे थे।
Birds flying over the sea were presenting an amazing scene.

सारे विचारों को अपने दिल में **बसाए** हम दिल्ली लौट आए हैं।
We have returned to Delhi with all the thoughts captured in our hearts.

True or false

Based on the text, are the following statements true or false? Correct them where necessary.

1. जैसा सफ़ेद रण कच्छ में है, वैसा रण दुनिया के किसी और देश में नहीं पाया जाता।
2. 'बॉर्डर' और 'लगान' जैसी फ़िल्मों ने अपने दर्शकों को कच्छ के कुछ पहलुओं का परिचय दिया है।
3. हमीरसर झील पर सफ़र की थकान उतारने के लिए लेखिका झील में छलांग लगाती है।
4. जब लेखिका ने सफ़ेद रण जाकर उसे देखा, तो रण वैसे ही लगा जैसे इंटरनेट पर दिखा था।
5. सैलानियों को माँडवी के विजय विलास महल में कहीं भी घूमने की इजाज़त है।

Answer the following questions based on the text

1. संक्षेप में बताइए कि लेखिका की कच्छ वाली दोस्त की ज़िंदगी के ख़ास मक़सद क्या क्या हैं?
2. कच्छ के गाँव और शहर के बीच बहुत दूरी होने की कोई एक वजह बताइए।
3. जो दृश्य घंटाघर से नज़र आता है, उसे देखकर लेखिका क्या महसूस करती होगी?
4. आप के विचार में लेखिका को माँडवी का कौनसा अनुभव सब से ज़्यादा याद रहेगा?
5. क्या आप को लगता है कि लेखिका कभी कच्छ लौटेगी? क्यों या क्यों नहीं?

Word activities

Synonyms: Scan the text to find synonyms for the following words. If required use a dictionary to help you.

(a) ख़ूबसूरती →
(b) धरती →
(c) मक़सद →
(d) हिस्सा →
(e) दृश्य →
(f) सफ़र →
(g) औरत/स्त्री →
(h) दिखाई देना →
(i) पल/क्षण →
(j) प्रस्तुत करना →

Word derivation: The following words are derivationally related to a word in the text. Scan the text to find the related word.

(a)	दिलचस्प	adj.	interesting	→
(b)	रंग	m.	colour	→
(c)	थकना	vi.	to tire	→
(d)	पश्चिमी	adj.	western	→
(e)	ऐतिहासिक	adj.	historical	→
(f)	नमक	m.	salt	→
(g)	ज़िम्मेदार	adj.	responsible	→
(h)	वीरान	adj.	desolate	→
(i)	बंधन	m.	tie, bond	→
(j)	भूगोल	m.	geography	→
(k)	i. सुंदर	adj.	beautiful	→
	ii. सुंदरता	f.	beauty	
(l)	i. दर्शनीय	adj.	worth seeing	→
	ii. दर्शक	m.	viewer	

Further activities

1. Identify any practical information available in the text, such as locations and how to get to them.
2. Make a list of the main places visited and their main features.
3. Which of the places visited would you like to visit the most or least? Discuss your choices with your classmates, giving your reasons.
4. Design an information leaflet or brochure about Kutch. Include the points gathered in questions 1 and 2.
5. Design a brochure about a destination of your choice. Include photos, and then present it to your classmates.

Chapter 19 मदर इंडिया

The film *Mother India*, released in 1957, was written and directed by Mehboob Khan and starred Nargis in the lead role. Nargis plays poverty-stricken Radha, a village woman who works tirelessly to pay off the debt owed to Sukhilala the money lender.

The film was a success at the box office, received several awards and an Oscar nomination, and today is still ranked amongst one of the all time classics of Hindi cinema.

This excerpt is from the opening scenes of the film. The regional variety of Hindi spoken in these scenes is characterised by Perso-Arabic loan words being pronounced without the subscript dot, e.g. ज़मीन (*zamīn*) is pronounced as जमीन (*jamīn*). In addition, some speakers pronounce श as स, for example, शरम as सरम.

Pre-reading

1. Try getting the gist of the narrative of the scenes by reviewing the images below and skimming the text, focusing on the commentary given in italics.
2. Based on the gist, make some predictions about what might happen.

Text

खुले मैदान में एक बूढ़ी औरत, राधा, मुट्ठी में खेत की मिट्टी लेकर माथे पर लगाते हुए दिखाई देती है.

अगला दृश्य - रामू अपनी बूढ़ी माँ, राधा, के पास आता है. उस के साथ सफ़ेद गांधी टोपी (जो काँग्रेस पार्टी की पहचान है) पहने हुए गाँव के बड़े लोग हैं.

रामू : माँ, अपने गाँव में पानी की नहर आई है ना? गाँव वाले उसका मुहूर्त तेरे हाथों से करवाना चाहते हैं.
(राधा ना कहने के लिए अपना सर हिलाती है)
मुखिया: ना बोलती है? अरे तू तो हमारी माँ है, सारे गाँव की माँ. नहर तेरे हाथों खुलेगी, नहीं तो नहीं खुलेगी.
रामू: हाँ कह दे ना, माँ.

अगला दृश्य - ना चाहते हुए भी राधा नहर के मुहूर्त के लिए आती है. गाँव वाले राधा को हार पहनाते हैं. फूलों का यह हार राधा के दिल में उसके विवाह की याद ताज़ा कर देता है. और उसकी पिछली ज़िंदगी की कहानी उसकी आँखों के सामने फिरने लगती है.

बैक-ग्राउंड में गीत सुनाई देता है. गीत के बोलों के साथ साथ राधा अपने माँ-बाप के घर से बिदा होती है. राधा का विवाह श्यामू से हुआ है और श्यामू अपनी नयी दुल्हन राधा को पहली बार सुहाग रात पर देखता है. गीत समाप्त होते होते राधा अपने ससुराल में अपने पति और सास, जिसे गाँव वाले सुंदर चाची कहते हैं, के साथ रहने लगती है.

अगला दृश्य - विवाह की अगली सुबह गाँव की औरतें गप-शाप के लिए सुंदर चाची के आँगन में जमा होती हैं.

पहली औरत: मैं तो सच्ची बात कहूँगी. ऐसा लगन किया है सुंदर चाची ने कि दस-दस कोस नाम हो गया है.
सुंदर चाची: ए तो क्यूँ न करती? मेरे कोई दस-बीस बैठे हैं? भगवान ने एक ही तो बेटा दिया है.
दूसरी औरत: और चाची, बहू तो ऐसी सुंदर आई है जिसका गाँव भर में जवाब नहीं.

राधा अपने कमरे में बैठे बैठे औरतों की बातें सुन रही है.

पहली औरत: ए सूरत को लेकर चाटना है? कुछ गुण भी होना चाहिए.
दूसरी औरत: क्यूँ नहीं? भगवान ने चाहा तो गुण भी अच्छे ही होंगे.
पहली औरत: बहन, मैंने तो एक बात सुनी है. क्या बताऊँ, गाँववाले कहते थे . . .
सुंदर चाची: रुक क्यों गई? कहो न, कहो!
दूसरी औरत: कह क्यूँ नहीं देती?
पहली औरत: देखो चाची, तुम बुरा नहीं मानना. गाँववाले कहते हैं कि सुंदर चाची ने सुखीलाला के पास जमीन रखाके लगन किया है.
सुंदर चाची: हाय हाय! जमीन रखाई है? जरा मेरे सामने आकर तो कहे! दांत तोड़कर डाल दूँगी. भगवान ने क्या नहीं दिया सुंदर चाची को? जमीन नहीं है, घर नहीं है, बैल नहीं है? क्या खूब! सुंदर चाची ने जमीन रखाई है! जमीन रखाई है. मैं कहती हूँ ये गाँववालों के पेट में क्यूँ दुखता है? इनका सर.
(घर में जाते हुए अपने आप से)
जमीन रखवाई तो है. रखवाती नहीं तो लगन कैसे करती? अरे कौन नहीं रखवाता?
(अपनी सास की बातें सुनते ही राधा अपने गहने उतारती है)
बहू के पैर भाग्यवान हुए तो छूट जाएगी. बहू भाग्यवान दिखाई तो देती है.

अगले दिन - राधा घर के सारे काम करने में लग जाती है. वह सुंदर चाची के हाथ से झाड़ू लेने की कोशिश करती है.

सुंदर चाची: अरे मुझे भी तो कुछ करने दे. अच्छा ले, तू ही कर.

सुंदर चाची से लेकर राधा झाड़ू मारने लगती है.

अगला दृश्य - गाय के बाड़े में झाड़ू मारकर राधा चारा इकट्ठा करके टोकरी में डाल रही है. वह घर के सादे कपड़ों में है. राधा के दहेज के गहने हाथ में लिए श्यामू आता है.

श्यामू: अरे यह क्या किया? नई नई दुल्हन और सब गहना पाटा उतार दिया? अरे अपना नहीं तो कुछ मेरा तो खयाल किया होता. अभी तो मैंने तुझे बराबर देखा भी नहीं था. ले पहन ले.
राधा (टोकरी उठाते हुए): इनको बेच डालो.
श्यामू: काहे को बेच डालूँ?
राधा: थोड़ा बहुत बोझ हलका हो जाएगा.
श्यामू: बोझ कैसा?
राधा: माँ ने जमीन गिरवी रखी है ना?
श्यामू: एकदम झूठ! सब गाँववाले ऐसे ही दिल्लगी कहते हैं. और अगर रखी भी है तो क्या हुआ? चार फसल में सब पैसे लाला के मुँह पर खींच मारूँगा. ला हाथ ला.
राधा (हाथ छुड़ाते हुए): छोड़ो मेरा हाथ. देखो, माँ देख लेगी, छोड़ो ना.
श्यामू: देख लेगी तो क्या हुआ?
राधा: सरम नहीं आएगी?
श्यामू: अरे सरम रही इस टोकरी में. *(कहते हुए राधा की टोकरी को गिरा देता है).*
राधा: भगवान करे माँ आ जाए.
श्यामू: आने दे.
(शरमाकर राधा अपना चेहरा हाथों में छुपा लेती है)
श्यामू (श्यामू राधा को हाथों में गहने पहनाता है): मेरी कसम, कितने अच्छे लगते हैं तेरे हाथों में.
राधा: भगवान करे तुम्हारे देखने को ये सदा मेरे हाथों में रहें.
श्यामू: श्यामू के होते, रहेंगे क्यूँ नहीं?
राधा: फिर मैं गहने रोज उतार दिया करूँगी.
श्यामू: क्यूँ?
राधा: जिसमें तुम पहनाया करो.
श्यामू: जरूर, जरूर.
सुंदर चाची (दोनों को एक दूसरे के इतने पास देखकर श्यामू को कहती है): ओ निर्लज्ज बेसरम कहीं का! क्या गाँव में तुही ने एक अनोखा लगन किया है? कोई देखेगा तो क्या, थूकेगा तेरे मुंह पर.

राधा झट से रसोईघर में जाती है. सुंदर चाची पीछे पीछे.

सुंदर चाची: और बहू तू भी! अभी क्या बोलूँ? अब उसका क्या दोष? यह श्यामू का बाप भी ऐसा ही था.

सुंदर चाची रसोईघर में आती है. वह देखती है कि राधा ठंडे चूल्हे पर ही पतीली रखकर पका रही है.

सुंदर चाची (हँसते हुए): और मजा देखो. अरे पहले चूल्हे में आग तो जला. पका क्या रही है, अपना सर?
(फिर से हँसती है)
(राधा घबराकर खड़ी होती है और पीसी हुई लाल मिर्ची गिरा देती है)
अरे मिर्ची गिरा दी, बहू.
(मिर्ची की वजह से दोनों सुंदर चाची और राधा छींकने लगती हैं)
सुन बहू, बहुत ना घुसने देना उसे अपने पास. अरे बंद कर! दो कौड़ी का हो जाएगा.

अगला दृश्य - श्यामू बैलों को लेकर खेतों पर चला जाता है और गाँव की औरतें पानी भरने के लिए मिट्टी की गगरी लिए कुएँ की ओर जाती हैं. सरों पर गगरी लिए राधा और उसकी सहेली कमला भी कुएं की ओर जा रही हैं. रास्ते में एक पेड़ के नीचे उन्हें गाँव का बनिया सुखीलाला मिलता है जो बैठे बैठे आती जाती महिलाओं को घूरता रहता है.

सुखीलाला: अरे कमला रानी, ज़रा संभलके चला कर. कहीं पैर न फिसल जाए.
कमला: सुखीलाला, यह मर्द का नहीं, औरत का पैर है.
राधा: चलो, भौजी.
सुखीलाला: लो, बहू को बुरा लग गया. अरे मैं तो गगरी को कह रहा था. मिट्टी की है, कहीं फूट न जाए.
कमला: जब तक तुम जिंदा रहोगे गाँव में तांबे की गगरी किसके सर पर रह सकती है?
सुखीलाला: अरे मैं तो चाहता हूँ कि तुम्हारे सरों पर सोने की गगरी चमके. लेकिन मेरी कोई सुनता ही नहीं. भलाई का जमाना ही नहीं.
राधा: चलो ना भौजी, चलो ना!
कमला (सुखीलाला से): अरे तालाब पे जाके कुल्ला करके आओ. मुँह से बास आ रही है.
राधा (सुखीलाला के पास से दूर जाते हुए): क्यूँ इसके मुँह लगती है? यह है कौन?
कमला: है तो गाँव का बनिया पर नज़र का बड़ा मैला है.

Notes

Congress party of India

The Congress party is one of the main political parties in India and is closely associated with the Nehru–Gandhi dynasty. Jawaharlal Nehru (the first prime minister of India after independence), his daughter, Indira Gandhi, and her son, Rajiv Gandhi were also leaders of the Congress party and former prime ministers of India. Members of the party are known for wearing a white cap, referred to as a Gandhi cap.

Dowry system

A dowry involves the payment of cash or the giving of other goods by a bride's family to the bridegroom's family at the time of marriage. The payment of a dowry is illegal under Indian law, but it continues to be common practice. Because of the burden it places on the bride's family, the dowry system is believed to be one of the reasons why there is a significant gender imbalance among children born in India, as many families take steps to avoid having daughters. There are also instances of women being killed when the demands made by their in-laws are not met.

Traditional newly wed brides

It is traditional in India for newly wed brides to wear special wedding clothes and jewellery for a certain period after marriage.

Glossary

मुट्ठी	f.	fist
माथा	m.	forehead
टोपी	f.	hat
नहर	f.	canal
मुहूर्त	m.	an auspicious moment
(का) मुहूर्त करना	vt.	to start (a task) at an auspicious moment
हार	m.	here: garland
ताज़ा	adj.	fresh
फिरना	vi.	to wander
बोल	m.	word, lyric

बिदा होना	vi.	to depart
दुल्हन	f.	bride
सुहाग रात	f.	wedding night
समाप्त होना	vi.	to end, to finish
सास	f.	mother-in-law
आँगन	m.	courtyard
जमा होना	vi.	to gather, to collect
सच्चा	adj.	true
लगन	m.	marriage, wedding
कोस	m.	a measure of distance equivalent to approximately 2 miles
(का) नाम होना	vi.	to acquire a name for oneself
बहू	f.	daughter-in-law
सूरत	f.	appearance, face
चाटना	vt.	to lick
गुण	m.	quality
रुकना	vi.	to stop
बुरा मानना	vt.	to take offence
ज़मीन रखाना	caus.	to put land in the hands of someone, to mortgage the land
हाय हाय	interj.	alas
दाँत	m.	tooth
बैल	m.	ox
दुखना	vi.	to pain, to hurt
इनका सर	interj.	'to hell with them!'
गहना	m.	jewel
भाग्यवान	adj.	lucky
झाड़ू	m.	broom
झाड़ू मारना	vt.	to sweep
दहेज	m.	dowry
बाड़ा	m.	enclosure, pen
सादा	adj.	plain
टोकरी	f.	basket
पाटा	m.	a Hindu marriage ritual
गहना पाटा	m.	wedding jewellery

बराबर	adv.	constantly, continuously
बेचना	vt.	to sell
काहे को	adv. reg.	what for, why
बोझ	m.	weight, burden
हलका	adj.	light
गिरवी रखना	vt.	to pawn, to mortgage
झूठ	m.	lie, untruth
दिल्लगी	f.	joking, amusement
खींच मारना	vt.	to throw
छुड़ाना	vt.	to extricate, to release
सरम (शरम)	f. reg.	shame
छुपाना	vt.	to hide
क़सम	f.	promise
मेरी क़सम	phr.	I swear
निर्लज्ज	adj.	shameless
बेसरम (बेशरम)	adj.	shameless
कहीं का	adj.	'belonging to somewhere' (used ironically)
थूकना	vt.	to spit
झट से	adv.	with a start, immediately
दोष	m.	fault
पतीली	f.	small cooking pot
पीसना	vt.	to grind
मिर्ची	f.	pepper
छींकना	vi.	to sneeze
कौड़ी	f.	a miniscule sum of money
गगरी	f.	water pot
पेड़	m.	tree
बनिया	m.	merchant, grocer
घूरना	vt.	to stare, to ogle
संभलना	vi.	to be attentive, to take care
फिसलना	vi.	to slip
भौजी	f.	lit.: brother's wife, here: respectful term for a sister figure
(को) बुरा लगना	vi.	to take offence

ताँबा	m.	copper
सोना	m.	gold
चमकना	vi.	to shine
भलाई	f.	goodness, kindness
तालाब	m.	pond, reservoir
कुल्ला करना	vt.	to gargle
बास	f.	odour
(के) मुँह लगना	vi.	to exchange words (with), to argue
मैला	adj.	dirty, soiled

Idioms and expressions

दस-दस कोस नाम होना: to be known far and wide

खींचकर मारना: to draw/pull back and then 'slap', i.e. to slap hard

सब पैसे लाला के मुँह पर खींच मारूँगा।
I'll slap all the money hard on Lala's face.

Grammar notes

Use of तू

In certain contexts the pronoun तू can be used to show closeness or intimacy in a relationship.

तू हमारी माँ है।
You are our mother.

Reduplication of a perfective participle

Adverbial perfective participles when repeated indicate a continuing state of an action that began in the past.

राधा अपने कमरे में **बैठे बैठे** औरतों की बातें सुन रही है।
Having been sitting in her room (for a while) Radha was listening to what the women were saying.

Compound verbs with डालना

Compounds with **डालना** suggest a decisive or drastic action.

इनको बेच **डालो**।
Sell them.

जिसमें + subjunctive

In the regional variety of Hindi used in this dialogue जिसमें is used to mean 'in order that' or 'so that', and it takes the subjunctive.

जिसमें तुम पहनाया **करो**।
So that you can put them on me.

True or false

Based on the text, are the following statements true or false? Correct them where necessary.

1. शुरू से ही राधा नहर के मुहूर्त पर जाने के लिए तैयार है।
2. श्यामू को अपनी माँ से मालूम होता है कि उसने ज़मीन गिरवी रखी है।
3. सुंदर चाची राधा को झाड़ू मारने नहीं देती।
4. श्यामू और उसका बाप कुछ कामों में एक जैसे ही हैं।
5. कमला और सुखीलाला के संवाद के दौरान श्यामू भी वहाँ मौजूद है।

Answer the following questions based on the text

1. फूलों का हार पहनने पर राधा को क्या हो जाता है?
2. सुंदर चाची ने अपने बेटे का कैसा लगन किया है?
3. जब राधा को मालूम हुआ कि उसकी सास ने ज़मीन गिरवी रखी है तो उस ने क्या किया और यह क्यों किया होगा?
4. श्यामू को कैसे पता चलता है कि माँ ने ज़मीन गिरवी रखी है, और पता चलने पर उसकी प्रतिक्रिया क्या है?
5. आप के विचार में सुखीलाला औरतों की कितनी इज़्ज़त करता होगा?

Word activities

Synonyms: Scan the text to find synonyms for the following words. If required use a dictionary to help you.

(a) शादी/ब्याह/विवाह →
(b) हमेशा →
(c) इकट्ठे होना →
(d) पुरुष/आदमी →
(e) दुर्गन्ध/बू →
(f) उत्तर →

Further activities

1. Make a list of the different locations in the preceding scenes and the main incidents that occur at these locations.
2. Write a brief synopsis based on your list.
3. Identify the different pronouns (तू, तुम, आप) that the characters use to address each other. What does this tell you about the relationships between the characters?
4. Compare the dialogue of Radha with that of Sundar Chachi. Consider factors such as their use of pronouns, forms of address, and word order (e.g. position of verbs and position of objects and object phrases in their sentences).
5. What happens next? Bearing in mind the factors in questions 3 and 4, continue writing the dialogue for some more scenes.
6. What can you ascertain about Radha's character? Discuss your views with a classmate and then write a description of Radha.

Chapter 20 चीफ़ की दावत

Writer and actor Bhisham Sahni (1915–2003) wrote several novels, plays and collections of short stories. One of his most well-known novels *Tamas*, set during the partition of India, won the Sahitya Akademi Award for literature in 1975, and went on to be made into a film.

Most of Sahni's short stories portray the lives of the ordinary man. *Chief kī dāwat*, written in the 1950s is regarded as a timeless work. It tells the story of a dinner party that Shamnath has arranged at his home for his American boss and some work colleagues. Shamnath is eager to please the boss, but the problem for Shamnath is his elderly mother who Shamnath regards as uneducated, inarticulate and a cause of embarrassment. He therefore gives her elaborate instructions about where to be at different points in the evening, so that, as far as possible she remains out of sight of the guests at all times. She is even forbidden to go to bed as her snoring would cause a disturbance and embarrass him.

In the following extract we join the story where Shamnath and his wife are making final preparations for the evening in a flustered state.

Pre-reading

1. Imagine you are hosting or attending a dinner party. What would you expect to happen during the course of the evening?
2. Bearing in mind the introduction to the story, make some predictions about what might happen in the story.

Text

साढ़े पाँच बज चुके थे। अभी मिस्टर शामनाथ को खुद भी नहा-धोकर तैयार होना था। श्रीमती कब की अपने कमरे में जा चुकी थीं। शामनाथ जाते हुए एक बार फिर माँ को हिदायत करते गए - 'माँ, रोज़ की तरह गुमसुम बन के नहीं बैठी रहना। अगर साहब इधर आ निकलें और कोई बात पूछें, तो ठीक तरह से बात का जवाब देना।'

'मैं न पढ़ी, न लिखी, बेटा, मैं क्या बात करूँगी। तुम कह देना, माँ अनपढ़ है, कुछ जानती-समझती नहीं। वह नहीं पूछेगा।'

सात बजते-बजते माँ का दिल धक-धक करने लगा। अगर चीफ़ सामने आ गया और उसने कुछ पूछा, तो वे क्या जवाब देंगी। अंग्रेज़ को तो दूर से ही देखकर घबरा उठती थीं, यह तो अमरीकी है। न मालूम क्या

पूछे। मैं क्या कहूँगी। माँ का जी चाहा कि चुपचाप पिछवाड़े विधवा सहेली के घर चली जाएँ। मगर बेटे के हुक्म को कैसे टाल सकती थीं। चुपचाप कुर्सी पर से टांगे लटकाये वहीं बैठी रहीं।

एक कामयाब पार्टी वह है, जिसमें ड्रिंक कामयाबी से चल जाएँ। शामनाथ की पार्टी सफलता के शिखर चूमने लगी। वार्तालाप उसी रौ में बह रहा था, जिस रौ में गिलास भरे जा रहे थे। कहीं कोई रुकावट न थी, कोई अड़चन न थी। साहब को व्हिस्की पसन्द आई थी। मेमसाहब को पर्दे पसन्द आए थे, सोफ़ा-कवर का डिज़ाइन पसन्द आया था, कमरे की सजावट पसन्द आई थी। इससे बढ़कर क्या चाहिए। साहब तो ड्रिंक के दूसरे दौर में ही चुटकुले और कहानियाँ कहने लग गए थे। दफ़्तर में जितना रोब रखते थे, यहाँ पर उतने ही दोस्त-परवर हो रहे थे और उनकी स्त्री, काला गाउन पहने, गले में सफ़ेद मोतियों का हार, सेन्ट और पाउडर की महक से ओत-प्रोत, कमरे में बैठी सभी देसी स्त्रियों की आराधना का केन्द्र बनी हुई थीं। बात-बात पर हँसतीं, बात-बात पर सिर हिलातीं और शामनाथ की स्त्री से तो ऐसे बातें कर रही थीं, जैसे उनकी पुरानी सहेली हों।

और इसी रौ में पीते-पिलाते साढ़े दस बज गए। वक्त गुज़रता पता ही न चला।

आख़िर सब लोग अपने-अपने गिलासों में से आख़िरी घूँट पीकर खाना खाने के लिए उठे और बैठक से बाहर निकले। आगे-आगे शामनाथ रास्ता दिखाते हुए, पीछे चीफ़ और दूसरे मेहमान।

बरामदे में पहुँचते ही शामनाथ सहसा ठिठक गए। जो दृश्य उन्होंने देखा, उससे उनकी टांगें लड़खड़ा गईं, और क्षण-भर में सारा नशा हिरन होने लगा। बरामदे में बिलकुल कोठरी के बाहर माँ अपनी कुर्सी पर ज्यों-की-त्यों बैठी थीं। मगर दोनों पांव कुर्सी की सीट पर रखे हुए, और सिर दायें से बायें और बायें से दायें झूल रहा था और मुँह में से लगातार गहरे खर्राटों की आवाज़ें आ रही थीं। जब सिर कुछ देर के लिए टेढ़ा होकर एक तरफ़ को थम जाता, तो खर्राटे और भी गहरे हो उठते। और फिर जब झटके-से नींद टूटती, तो सिर फिर दायें से बायें झूलने लगता। पल्ला सिर पर से खिसक आया था, और माँ के झरे हुए बाल, आधे गंजे सिर पर अस्त-व्यस्त बिखर रहे थे।

देखते ही शामनाथ क्रुद्ध हो उठे। जी चाहा कि माँ को धक्का देकर उठा दें, और उन्हें कोठरी में धकेल दें, मगर ऐसा करना सम्भव न था, चीफ़ और बाक़ी मेहमान पास खड़े थे।

माँ को देखते ही देसी अफ़सरों की कुछ स्त्रियाँ हँस दीं कि इतने में चीफ़ ने धीरे से कहा - पूअर डियर!

माँ हड़बड़ा के उठ बैठीं। सामने खड़े इतने लोगों को देखकर ऐसी घबराई कि कुछ कहते न बना। झट से पल्ला सिर पर रखती हुई खड़ी हो गयीं और ज़मीन को देखने लगीं। उनके पांव लड़खड़ाने लगे और हाथों की उंगलियाँ थर-थर कांपने लगीं।

'माँ, तुम जाके सो जाओ, तुम क्यों इतनी देर तक जाग रही थीं?' - और खिसियायी हुई नज़रों से शामनाथ चीफ़ के मुँह की ओर देखने लगे।

चीफ़ के चेहरे पर मुस्कराहट थी। वे वहीं खड़े-खड़े बोले, 'नमस्ते!'

माँ ने झिझकते हुए, अपने में सिमटते हुए दोनों हाथ जोड़े, मगर एक हाथ दुपट्टे के अन्दर माला को पकड़े हुए था, दूसरा बाहर, ठीक तरह से नमस्ते भी न कर पाईं। शामनाथ इस पर भी खिन्न हो उठे।

इतने में चीफ़ ने अपना दायाँ हाथ, हाथ मिलाने के लिए माँ के आगे किया। माँ और भी घबरा उठीं।

'माँ, हाथ मिलाओ।'

पर हाथ कैसे मिलातीं? दायें हाथ में तो माला थी। घबराहट में माँ ने बायाँ हाथ ही साहब के दायें हाथ में रख दिया। शामनाथ दिल ही दिल में जल उठे। देसी अफ़सरों की स्त्रियाँ खिलखिलाकर हँस पड़ीं।

'यूँ नहीं, माँ! तुम तो जानती हो, दायाँ हाथ मिलाया जाता है। दायाँ हाथ मिलाओ।'

मगर तब तक चीफ़ माँ का बायाँ हाथ ही बार-बार हिलाकर कह रहे थे - 'हौ डू यू डू?'

'कहो माँ, मैं ठीक हूँ, खैरियत से हूँ।'

माँ कुछ बड़बड़ाईं।

'माँ कहती हैं, मैं ठीक हूँ। कहो माँ, हौ डू यू डू।'

माँ धीरे से सकुचाते हुए बोलीं - 'हौ डू डू'

एक बार फिर क़हक़हा उठा।

वातावरण हल्का होने लगा। साहब ने स्थिति संभाल ली थी। लोग हँसने-चहकने लगे थे। शामनाथ के मन का क्षोभ भी कुछ-कुछ कम होने लगा था।

साहब अपने हाथ में माँ का हाथ अब भी पकड़े हुए थे, और माँ सिकुड़ी जा रही थीं। साहब के मुँह से शराब की बू आ रही थी।

शामनाथ अंग्रेज़ी में बोले - 'मेरी माँ गाँव की रहने वाली हैं। उमर भर गाँव में रही हैं। इसलिए आपसे लजाती हैं।'

साहब इस पर खुश नज़र आए। बोले - 'सच? मुझे गाँव के लोग बहुत पसन्द हैं, तब तो तुम्हारी माँ गाँव के गीत और नाच भी जानती होंगी?' चीफ़ खुशी से सिर हिलाते हुए माँ को टिकटिकी बांधे देखने लगे।

'माँ, साहब कहते हैं, कोई गाना सुनाओ। कोई पुराना गीत तुम्हें तो कितने ही याद होंगे।'

माँ धीरे से बोली - 'मैं क्या गाऊँगी बेटा। मैंने कब गाया है?'

'वाह, माँ! मेहमान का कहा भी कोई टालता है? साहब ने इतनी खुशी से कहा है, नहीं गाओगी, तो साहब बुरा मानेंगे।'

'मैं क्या गाऊँ, बेटा। मुझे क्या आता है?'

'वाह! कोई बढ़िया टप्पे सुना दो। दो पत्तर अनारां दे'

देसी अफ़सर और उनकी स्त्रियों ने इस सुझाव पर तालियाँ पीटीं। माँ कभी दीन दृष्टि से बेटे के चेहरे को देखतीं, कभी पास खड़ी बहू के चेहरे को।

इतने में बेटे ने गंभीर आदेश-भरे लहजे में कहा - 'माँ!'

इसके बाद हाँ या ना सवाल ही न उठता था। माँ बैठ गयीं और हलकी सी, कांपती हुई आवाज़ में एक पुराना विवाह का गीत गाने लगीं –

हरिया नी माये, हरिया नी भैणे
हरिया ते भागी भरिया है!

देसी स्त्रियाँ खिलखिला के हँस उठीं। तीन पंक्तियाँ गा के माँ चुप हो गयीं।

बरामदा तालियों से गूँज उठा। साहब तालियाँ पीटना बन्द ही न करते थे। शामनाथ की खीज प्रसन्नता और गर्व में बदल उठी थी। माँ ने पार्टी में नया रंग भर दिया था।

Notes

Rosary beads

It is common for Hindus to use special prayer beads ('माला') while praying or chanting mantras. Traditionally these prayer beads have 108 beads.

Folk songs

Traditional folk music plays an important part in weddings and other special occasions in India. Different regions have their own traditional wedding songs.

Glossary

नहाना	vi.	to bathe
श्रीमती	f.	Mrs, wife
हिदायत	f.	instruction, direction
गुमसुम	adj.	quiet, moody
अनपढ़	adj.	illiterate
घबराना	vi.	to be confused, to be perplexed
(का) जी चाहना	vt.	to want, to desire
पिछवाड़े	adv.	at the rear
विधवा	f.	widow
हुक्म	m.	order
लटकाना	vt.	to hang
सफलता	f.	success
शिखर	m.	peak
वार्तालाप	m.	conversation
रौ	m.	stream, vein
बहना	vi.	to flow
रुकावट	f.	obstacle, interruption
अड़चन	f.	obstacle, hindrance
सजावट	f.	decoration
दौर	m.	round

चुटकुला	m.	joke, pun
रोब	m.	dignity, prestige
परवर	m.	protector, nurturer
मोती	f.	pearl, bead
महक	f.	fragrance
ओत-प्रोत	adv.	through and through
आराधना	f.	worship, adoration
केन्द्र	m.	centre
हिलाना	vt.	to shake
पिलाना	vt.	to give (someone) a drink
घूँट	m.	sip
बैठक	f.	here: sitting room
सहसा	adv.	suddenly
ठिठकना	vi.	to stand still, to be taken aback
लड़खड़ाना	vi.	to stumble, to shake, to sway
नशा	m.	intoxication
हिरन होना	vi.	to vanish
कोठरी	f.	closet, small room
झूलना	vi.	to swing
लगातार	adv.	continuously
खर्राटा	m.	snore
झटका	m.	jolt, sudden movement
पल्ला	m.	edge, border, esp. of a scarf or sari
झरना	vi.	to flow, to cascade
गंजा	adj.	bald
अस्त-व्यस्त	adj.	fallen and disordered
क्रुद्ध	adj.	angry
धक्का	m.	push, shove
धकेलना	vt.	to push, to shove
सम्भव	adj.	possible
अफ़सर	m.	officer
इतने में	adv.	in the meantime
हड़बड़ाना	vi.	to be confused
उंगली	f.	finger
थर-थर	m. & adj.	shaking, trembling

काँपना	vi.	to tremble
थर-थर काँपना	vi.	to tremble (with fear)
जागना	vi.	here: to be awake
खिसियाना	vi.	to be ashamed
मुस्कराहट	f.	smile
झिझकना	vi.	to hesitate, to be timid
सिमटना	vi.	to recoil
हाथ जोड़ना	vt.	to fold the hands (as in the gesture of a prayer or saying *namaste*)
माला	f.	here: rosary
खिन्न होना	vi.	to feel uneasy or distressed
हाथ मिलाना	vt.	to shake hands
घबराहट	f.	anxiety
जलना	vi.	here: to be enflamed
खिलखिलाना	vi.	to giggle
खिलखिलाकर हँसना	vi.	to laugh out loud
ख़ैरियत	adj.	well, fine
बड़बड़ाना	vt.	to mutter, babble
सकुचाना	vi.	to be shy, to hesitate
क़हक़हा	m.	burst of laughter
क्षोभ	m.	agitation, anguish
सिकुड़ना	vi.	to shrink, to contract, to recoil
शराब	f.	alcohol
बू	f.	smell
शर्माना	vi.	to be shy
नाच	m.	dance
टिकटिकी बांधे	adv.	with eyes wide open
वाह	interj.	here: goodness! (expressing astonishment or displeasure)
कहा	m.	something said, remark
टप्पा	m.	a type of Panjabi folk song
दो पत्तर अनारां दे		'Two leaves of the pomegranate' – a Panjabi folk song
दीन	adj.	humble, dejected
दृष्टि	f.	glance, view

गंभीर	adj.	serious
लहजा	m.	intonation, accent
हरिया नी माये, हरिया नी भैणे हरिया ते भागी भरिया है!	reg.	*A son, mother. A son, sister.* *A son, and we have good fortune.* Words from a Panjabi folk song sung at the birth or marriage of a son.
पंक्ति	f.	line
गूँजना	vi.	to ring, to resound
खीज	f.	annoyance
प्रसन्नता	m.	pleasure, contentment

Grammar notes

Compound verbs with निकलना

Compound verbs with निकलना suggest a suddenness or unexpectedness of an action.

अगर साहब इधर **आ निकलें** . . .
If the boss appeared here . . .

Compound verbs with उठना

Compound verbs with उठना suggest a change of circumstance, sometimes sudden, with the sense of an upward direction of an action.

देखते ही शामनाथ क्रुद्ध **हो उठे**।
Whilst watching Shamnath's anger flared up.

बरामदा तालियों से **गूँज उठा**।
The veranda resounded with applause.

Compound verbs with पड़ना

Compound verbs with **पड़ना** can suggest a sudden change of circumstance.

अफ़सरों की स्त्रियाँ खिलखिलाकर **हँस पड़ीं**।
The officers' wives burst into giggles.

The compound हँस देना

The compound हँस देना means 'to burst out laughing'.

अफ़सरों की कुछ स्त्रियाँ **हँस दीं**।
Some of the officers' wives burst out laughing.

Perfective participle + जाना

As seen in earlier chapters the perfective participle ending in -ए with जाना can indicate continuity, but with an added sense of intensity. In the instance of intransitive verbs, the past participle agrees with the subject, as illustrated in the second example.

गिलास **भरे जा रहे थे**।
Glasses went on getting filled.

माँ **सिकुड़ी जा रही थीं**।
Mother went on recoiling.

Imperfective participle + बनना

The imperfective participle ending in -ते with the verb बनना indicates the possibility of an action being able to occur. This construction is generally used in the negative, therefore indicating impossibility.

सामने खड़े इतने लोगों को देखकर ऐसी घबराई कि कुछ **कहते न बना**।
Seeing so many people standing before her she got so confused that she couldn't say anything.

को + आना to express ability

The verb आना is used to express being able to do something in the sense of knowing how to do something or having a particular skill or ability. The person it refers to takes को.

मैं क्या गाऊँ, बेटा? मुझे क्या **आता है**?
What should I sing, son? What do I know?

True or false

Based on the text, are the following statements true or false? Correct them where necessary.

1. साढ़े पाँच बजे तक शामनाथ तैयार हो चुके थे।
2. अंगरेज़ लोगों को देखने से ही माँ को घबराहट महसूस होने लगती है।

3. खाना खाकर सब मेहमान बरामदे की ओर जाते हैं।
4. साहिब को यह बात सूचित की जाती है कि माँ अपनी ज़्यादातर ज़िंदगी गाँव में गुज़ार चुकी हैं।
5. दावत के सभी मेहमानों को माँ का गाना सुनने की इच्छा होती है।

Answer the following questions based on the text

1. माँ अपनी विधवा सहेली के घर क्यों नहीं गईं?
2. संक्षेप में बताइए कि साढ़े पाँच और साढ़े दस बजे के बीच क्या क्या होता है?
3. सोती हुई माँ को बरामदे में देखकर सब लोगों की पहली प्रतिक्रिया क्या हुई?
4. साहिब से मिलने पर माँ उन्हें ठीक तरह से प्रणाम क्यों नहीं कर पातीं?
5. इस शाम के दौरान शामनाथ अक्सर गुस्से या खीज में रहता है। यह गुस्सा या खीज कब और किस वजह से कम होने लगता है? दो उदाहरण दीजिए।

Word activities

Synonyms: Scan the text to find synonyms for the following words. If required use a dictionary to help you.

(a) सफलता →
(b) पल →
(c) पत्नी →
(d) सुगंध →
(e) दुर्गंध →
(f) नृत्य →
(g) हुक्म →
(h) माहौल →
(i) गाना →
(j) प्रश्न →

Word derivation: The following words are derivationally related to a word in the text. Scan the text to find the related word.

(a) कामयाब	adj.	successful	→
(b) सफल	adj.	successful	→
(c) प्रसन्न	adj.	pleased	→
(d) सजाना	vt.	to decorate	→

(e)	पीना	vt.	to drink	→
(f)	हँसी	f.	laughter	→
(g)	धक्का	m.	push, shove	→
(h)	घबराना	vi.	to be perplexed	→
(i)	i. रोकना	vt.	to stop	→
	ii. रुकना	vi.	to stop	

Further activities

1. Compare the description of the boss's wife with the description of the mother. For each of them make a list of the words and phrases used to describe them.
2. Write your own description of a real or fictional character using some of the words and phrases from your list from question 1, and supplement it with further vocabulary from the glossary or from other sources.
3. Scan the text to find descriptions of Shamnath's feelings and reactions at various points throughout the evening, and identify the reasons for his behaviour at each of these points.
4. How does Shamnath's attitude towards his mother change through the story? Discuss your views with a classmate.
5. Write your own beginning and/or ending to the story.

Answer key

1 सोशल नेटवर्क साइट पर छुट्टी की बातें

True or False

1. F
2. T
3. F
4. T
5. F

Sample answers to questions about the text

1. नाश्ता खाकर दिनेश पुराने शहर घूमने गया, फिर ढाबे में बैठा, और उस के बाद खरीदारी करने गया।
2. जी हाँ, दिनेश को पंजाबी बाई नेचर का खाना पसंद आया क्योंकि वह कहता है कि खाना बढ़िया था।
3. आखरी दिन दिल्ली में बारिश हुई।
4. दिनेश के विचार में बनारस अद्भुत है, यानी उसको बनारस अच्छा लगता है।
5. शालिनी की पार्टी कैंसल हो गयी थी क्योंकि सब लोगों ने सिनेमा जाने का प्लान बना लिया था।

Word activities

Synonyms

(a) यात्रा
(b) अद्भुत
(c) सुन्दर
(d) आशा

Word derivation

(a) बेचैन
(b) मज़ेदार
(c) सुविधा
(d) ख़रीदारी
(e) बेहद
(f) ख़ूबसूरत
(g) आराम

2 तस्वीरों में - बरगी देवी की ज़िंदगी

True or false

1. T
2. F
3. F
4. T
5. T

Sample answers to questions about the text

1. सर्दियों के मौसम में बरगी देवी एक घंटा देर से जागती हैं क्योंकि सर्दियों में बहुत सुबह काफ़ी अँधेरा रहता है।
2. बरगी देवी का परिवार गाय नहीं पालते क्योंकि वे बहुत नाज़ुक होती हैं और सूखे में जीवित नहीं रह सकतीं।
3. बरगी देवी के बेटे कोई और धंधा करने की सोच रहे हैं क्योंकि उनको देहात में कोई भविष्य नहीं दिखाई देता।
4. कुछ परिवारों का विचार है कि बच्चों को स्कूल भेजने से यही बेहतर है कि वे किसी न किसी रूप में परिवार का सहारा बनें।
5. शाम को बरगी देवी अपने पोते के साथ कुछ समय बिताना पसंद करती हैं।

Word activities

Synonyms

(a) वजह
(b) मर्द
(c) ज़िंदगी
(d) पेशा
(e) जीवित

Word derivation

(a) कमी (e) थकान
(b) खेती (f) नौकरी
(c) ज़िंदगी (g) बर्बादी
(d) जीवन (h) व्यस्तता

3 हार्ड कौर का 'देसी डांस' जल्द

True or false

1. F
2. F
3. F
4. T
5. F

Sample answers to questions about the text

1. हार्ड कौर का जन्म 29 जुलाई 1979 को कानपुर उत्तर प्रदेश में हुआ।
2. वह 1991 में इंग्लैंड गई।
3. श्रीरामजी ने हार्ड कौर को टीवी पर एक इंटरव्यू में देखा था।
4. भारत से उसने बड़ों की इज़्ज़त करना सीखा, और इंग्लैंड से यह सीखा कि अपनी लड़ाई किस तरह से लड़नी चाहिए।
5. वह अपनी ऐल्बम इस साल के अंत तक रिलीज़ करने की कोशिश कर रही है।

Word activities

Synonyms

(a) जीवन (d) कारण
(b) कठिन (e) प्रेम
(c) सफ़र

Word derivation

(a) लड़ाई (d) पश्चिमी
(b) डरना (e) व्यक्तित्व
(c) जन्मना

4 एक कन्या, चार वर

True or false

1. T
2. T
3. T
4. F
5. F

Sample answers to questions about the text

1. राजकुमारी से विवाह करने चार राजकुमार आए क्योंकि उसके लिए चार राजाओं ने अपने बेटों का रिश्ता भेजा था। राजकुमारी के पिता के उन चारों राजाओं से अच्छे सम्बन्ध थे इसीलिए वह किसी को ना नहीं कर सका।
2. चार राजकुमारों को एक साथ देखकर राजकुमारी परेशान हो गयी। उसे चक्कर आ गया और वह हवन-कुण्ड में गिर गयी।
3. चौथे राजकुमार ने विधाता को मनाने के लिए पंचाग्नि व्रत किया। विधाता ने प्रसन्न होकर राजकुमार को एक वर दिया।
4. पुरोहित ने प्रस्ताव दिया कि राजकुमारी का विवाह चौथे राजकुमार से होना चाहिए।
5. पुरोहित के प्रस्ताव से सभी संतुष्ट हुए और बाकी तीनों राजकुमारों ने अपनी शुभकामनाएं दीं।

Word activities

Higher register	
एकत्र	इकट्ठा
के समक्ष	के सामने
जीवित	ज़िंदा
निर्णय	फ़ैसला
पुनः	फिर
अतः	इस लिए
एवं	और
भिन्न	अलग
मृत	मरा हुआ
शेष	बाकी
शोक	ग़म
हर्षित	खुश

5 पुस्तक समीक्षाएँ

True or false

1. T
2. F
3. T
4. F
5. F
6. T
7. T
8. T
9. F
10. F

Sample answers to questions about the text

1. 'भारतीय श्रेष्ट कहानियाँ' में तेरह भाषाओं की कहानियाँ शामिल की गई हैं।
2. शुद्ध हिंदी इस्तेमाल करने से हम न सिर्फ़ दूसरों के सामने हँसी का पात्र बनने से बच पाते हैं, बल्कि अपनी बात को भी दूसरों तक सही और सटीक तरीके से पहुँचा पाते हैं।
3. शुद्ध हिंदी की पुस्तक में आज के दौर की हिंदी के सही इस्तेमाल के तरीके उदाहरण के साथ बताए गए हैं।
4. आई आई टी के टेस्ट में कामयाब होने के चांस बढ़ाने के लिए उम्मीदवारों को ढंग से तैयारी करनी चाहिए।
5. मन्नू भंडारी अपने पात्रों के हर कार्य और उनके अंदरूनी हालात के बारे में इस तरह लिखती हैं कि वे पात्रों को पाठकों के नज़दीक ले आती हैं।

Word activities

Synonyms

(a) श्रेष्ठ
(b) पुस्तक
(c) क़ीमत
(d) मदद
(e) ज़रिया
(f) भाग

Word derivation

(a) शुद्ध
(b) कहानीकार
(c) कामयाबी
(d) चुनिंदा
(e) यादगारी

6 कंप्यूटर की क्लिक पर रिश्तों की बहार

True or false

1. T
2. F
3. F
4. F
5. T

Sample answers to questions about the text

1. जोड़ियाँ आसमान में बनती हैं लेकिन जीवन साथी ज़मीन पर आपको तलाशना पड़ता है।
2. भारत में ऐसी लगभग सौ वेबसाइटें हैं।
3. थर्टी प्लस शादी डॉट कॉम अपना हमउम्र तलाशने के लिए सब से उचित साईट होगी।
4. बीपीओ में काम करने वालों को अकसर रात को काम करना पड़ता है क्योंकि वे विदेशी ग्राहकों के संपर्क में रहते हैं। यानी समय के फ़र्क की वजह से जब विदेश में दिन है तब भारत में रात होती है।
5. अनिल कुमार वलीव ने पॉज़िटिव साथी डॉट कॉम नाम की साइट शुरू की थी, जिस की प्रेरणा अपने एक एचआईवी पॉज़िटिव दोस्त के जीवन के अनुभवों से मिली थी।

Word activities

Synonyms

(a) विवाह
(b) दरअसल
(c) माध्यम
(d) कामयाबी
(e) तलाशना
(f) मिसाल

Word derivation

(a) समाज
(b) अहम
(c) कामयाबी
(d) बंधना
(e) विदेशी
(f) पारंपरिक
(g) वैवाहिक
(h) सरकारी
(i) दिलचस्पी
(j) व्यक्ति

7 खुशियाँ तमाम हैं - थोड़े से ग़म भी

True or false

1. F
2. F
3. T
4. F
5. T

Sample answers to questions about the text

1. मैरी नृत्य के कार्यक्रम करने के साथ-साथ भरतनाट्यम की शिक्षा भी देती हैं।
2. सन् 2000 में मैरी की महाबलीपुरम में नृत्य करने की इच्छा पूरी हो गई।
3. हिंदुस्तान की संस्कृति और विशेष रूप से भरतनाट्यम से वे शुरू से ही बहुत ज़्यादा प्रभावित थीं और उनकी यही चाहत उन्हें कनाडा से भारत खींच लाई।
4. डब्ल्यू एच ओ के चेयरपर्सन ने मैरी की क्लाइमेट चेंज पर नृत्य की प्रस्तुति देखी। कार्यक्रम देखकर उन्होंने खूब तारीफ़ की, और उन्होंने डब्ल्यू एच ओ के लिए कार्यक्रम की एक फ़िल्म भी बनाई।
5. जी हाँ, मैरी के माता पिता ने उसकी शादी को स्वीकार किया। उन्होंने कहा कि उन्हें कोई ऐतराज़ नहीं है, और कि यदि मैरी समझती है कि भारत में अपने पति के साथ ज़्यादा बेहतर और सुखी रह सकती है तो उन्हें क्या दिक्कत हो सकती है।

Word activities

Synonyms

(a) क्षण
(b) चाहत
(c) फ़ैसला
(d) बेहतर
(e) वास्तव
(f) सौंदर्य
(g) विशेष रूप से

Word derivation

(a) ज़िम्मेदारी
(b) ताकतवर
(c) नृत्य
(d) प्रभावित
(e) प्राकृतिक
(f) प्रस्तुति
(g) सौंदर्य
(h) हैरानी
(i) विवाह

8 सरकारी कामकाज में हिंगलिश

True or false

1. T
2. F
3. T
4. T
5. T

Sample answers to questions about the text

1. सरकारी कामकाज में हिंगलिश लिखने की इजाज़त दी गई है क्योंकि हिंदी के कुछ कठिन और कम प्रचलित शब्दों से लोगों को परेशानी हो रही थी।
2. भाषा यदि इतनी कठिन लगने लगे कि समझ में ही न आए तब उसे बदलना चाहिए।
3. सरकारी कामकाज में हिंगलिश का प्रयोग करने से अनुवादकों को शब्दकोशों की शरण में नहीं जाना पड़ेगा।
4. दूसरे मत के लेखक को 'यमुना बैंक' मेट्रो स्टेशन का नाम पसंद नहीं क्योंकि उनके विचार में हिंदी के शब्द 'तट' या 'किनारा' का प्रयोग किया जाना चाहिए था।
5. अगर हिंदी भाषा ज़्यादा उदार हो जाए तो भाषा का अस्तित्व संकट में पड़ने का खतरा है।

Word activities

Synonyms

(a) अर्थ
(b) कठिन
(c) ढूँढ़ना
(d) स्थान
(e) प्रयोग करना
(f) निर्णय
(g) नज़र आना
(h) अधिक

Word derivation

(a) अनुवादक
(b) कठिनाई
(c) परेशानी
(d) मंत्रालय
(e) साहित्यिक
(f) आसानी
(g) समाज
(h) व्यवहार
(i) शब्दकोश/शब्दावली

9 ज़िंदगी न मिलेगी दोबारा

True or false

1. F
2. F
3. T
4. T
5. T

Sample answers to questions about the text

1. कबीर के घुटने में दर्द हो रहा है क्योंकि वह कुछ देर तक अपने घुटनों के बल पर नताशा के सामने झुका हुआ था।
2. कबीर के पिता शायद निर्माण का कार्य करते हैं (यानी वे इमारतें बनाते हैं) क्योंकि वे होटल बनवाने के कोंट्रेक्त का ज़िक्र करते हैं।
3. कबीर एक बहुत अच्छा इंसान है, वह बुद्धिमान है, और उसका दिल बहुत बड़ा है।
4. इमरान सिर्फ़ मज़ाक कर रहा है। वह इसलिए चेक माँगता है क्योंकि उसने सब के सामने कबीर की इतनी तारीफ़ की है।
5. कबीर अपनी स्पेन की ट्रिप को कैंसल करने के लिए तैयार है क्योंकि वह चाहता है कि तीनों दोस्त एक साथ जाएँ, और अगर तीनों एक साथ नहीं जा सकते तो कैंसल करना बेहतर होगा। और तो और, एक बार पहले भी यह कैंसल हो चुकी है तो फिर एक बार और सही।

Word activities

Synonyms

(a) जवाब
(b) फ़िक्र
(c) यार
(d) दिखाई देना

Word derivation

(a) हँसी
(b) चूमना
(c) ख़तरा
(d) सुनाना
(e) करवाना
(f) भिजवाना
(g) खिलाड़ी

10 चूहा और मैं

True or false

1. T
2. T
3. T
4. F
5. F

Sample answers to questions about the text

1. पारिवारिक दुर्घटनाओं, यानी बहनोई की मृत्यु आदि के कारण लेखक घर से बाहर रहा।
2. चूहे ने 'क्राकरी' फ़र्श पर गिराकर फोड़ डाली क्योंकि वह खाने की तलाश में भड़भड़ाता होगा, और क्राकरी में खाना तलाशता होगा।
3. चूहा भूख से नहीं मरा क्योंकि उस ने पड़ोस में कहीं कुछ खा लिया होगा।
4. चूहे के उल्लास का कारण है कि शायद उसने समझा कि घर में खाना बनेगा, और उसकी खुराक उसे मिलेगी। वह निराश इसलिए हुआ कि घर में खाना बनना शुरू नहीं हुआ।
5. अगर लेखक ने चूहे को मारा होता, तो शायह चूहा किसी अलमारी के नीचे मर जाता और सड़ता, तो फिर सारा घर दुर्गन्ध से भर जाता।

Word activities

Synonyms

(a) अधिकार
(b) भोजन
(c) पाँव
(d) दुर्गन्ध
(e) सामान्य
(f) के कारण
(g) मृत्यु
(h) आदि
(i) तरकीब

Word derivation

(a) भूख
(b) पारिवारिक
(c) मृत्यु
(d) भोजन
(e) दुर्घटना
(f) दुर्गन्ध
(g) लेख

11 चटोरों के लिए चटपटी चाट

True or false

1. T
2. F
3. T
4. T
5. T

Sample answers to questions about the text

1. दुनिया-भर के वैज्ञानिक और विशेषज्ञ चाट के बारे में यह कहते होंगे कि ज़्यादा चाट खाना सेहत के लिए अच्छा नहीं है।
2. लेखिका को सुगंध से ही पता चल जाता है कि कोई चाट वाला करीब है।
3. बच्चों को टिक्की, गोलगप्पे और चाट चखाने से उनकी पिज़ा और बर्गर की इच्छा टाली जा सकती है।
4. अधेड़-उम्र के जोड़े को लगा कि ठेले वाला गरीब है और ठेले पर गंदगी होगी इस लिए वे वहाँ से खिसकने लगे, लेकिन उन के मुँह में पानी आया होगा इस लिए उन्होंने चाट खाने का फ़ैसला ले लिया।
5. आय-कर विभाग के कर्मचारियों ने चाट वालों की आमदनी का अंदाज़ा लगाने के लिए पत्तल गिने होंगे।

Word activities

Word derivation

(a) मौसमी
(b) वैज्ञानिक
(c) संतुष्ट
(d) एकता
(e) समानता
(f) समाजवाद
(g) विद्यालय
(h) विदेशी

12 दर्शकों की नब्ज़ नहीं पकड़ पाया: नसीरुद्दीन & सामाजिक कार्यकर्ता हैं शबाना आज़मी

True or false

1. F
2. F
3. T
4. T
5. T

Sample answers to questions about the text

1. नसीरुद्दीन शाह ने फ़िल्म 'द डर्टी पिक्चर' करने का फ़ैसला लिया क्योंकि फ़िल्म में उनका रोल बिलकुल अलग था, और उनके किरदार के अनेक पहलू थे।
2. बतौर निर्माता नसीरुद्दीन शाह की कोई भी फ़िल्म दर्शकों को पसंद नहीं आई।
3. शबाना आज़मी को जया भादुड़ी का अभिनय देखकर अभिनेत्री बनने की प्रेरणा मिली।
4. 'फ़ायर' इस्मत चुगताई की उर्दू कहानी 'लिहाफ़' पर आधारित थी, और यह विवादास्पद साबित हुई क्योंकि यह दो औरतों के बारे में है जो एक दूसरे की संगत में सुख महसूस करती हैं।
5. सामाजिक संगठनों को फ़िल्म कलाकारों से जुड़ने का फ़ायदा यह है कि कलाकारों की लोकप्रियता के माध्यम से संगठनों को अपनी मंज़िल हासिल करने में मदद मिल जाती है।

Word activities

Synonyms

(a) वजह
(b) उम्मीद
(c) वाक़ई
(d) प्रसिद्ध
(e) संबंध
(f) हक़
(g) मदद
(h) कोशिश
(i) वक़्त
(j) ख़्याल
(k) जगह

Word derivation

(a) अहम
(b) बेहतरीन
(c) लेखिका
(d) सच्चाई
(e) बेशक
(f) कलाकार
(g) लोकप्रियता
(h) अभिनय

13 ज़िंदगी की स्टीयरिंग अपने हाथ में

True or false

1. T
2. F
3. T
4. F
5. T

Sample answers to questions about the text

1. उमा यादव ने बचपन में गाड़ी चलाने का सपना देखा था।
2. जी नहीं, नमिता का पति उसके ड्राइविंग सीखने के बिलकुल खिलाफ़ नहीं था। सच तो यह है कि उसी ने नमिता को ड्राइविंग सीखने के बारे में पूछा था।
3. चांदनी को अश्लील बातें और ताने सुनने पड़े हैं, जिसका मुकाबला उसने पलटकर जवाब देने से किया है।
4. जिन लड़कियों के पास ड्राइविंग सीखने के लिए पूरे पैसे नहीं होते, वे नौकरी हासिल करने के बाद धीरे-धीरे रकम चुका देती हैं।
5. ड्राइविंग का प्रशिक्षण लेने से लड़कियों का आत्मविश्वास बढ़ जाता है और ज़िंदगी को नई दिशा मिल जाती है।

Word activities

Synonyms

(a) आमदनी
(b) आदमी
(c) पाँव
(d) निर्णय
(e) सहायता
(f) औरत
(g) रास्ता
(h) आदि
(i) ख़्वाब
(j) कठिन
(k) आशा
(l) मौक़ा
(m) हक़
(n) उद्देश्य

Word derivation

(a) जागरूक
(b) दिशा
(c) पारंपरिक
(d) प्रशिक्षित
(e) प्रेरित
(f) सामाजिक
(g) सरकारी
(h) सुरक्षित
(i) विश्वास
(j) दिलाना

14 खास है यह दीपावली

True or false

1. F
2. T
3. T
4. F
5. T

Sample answers to questions about the text

1. अभिषेक बच्चन के दादा और दादी अभी ज़िंदा नहीं रहे। यह मालूम होता है क्योंकि अभिषेक बच्चन उनके जाने की बात करता है, जिससे उसका मतलब है कि वे इस दुनिया से चले गए हैं।
2. अभिषेक बच्चन को अपने बचपन से घर की चहारदीवारी पर मिट्टी के जलते हुए दीये याद हैं और उसके पिता का अनार और रॉकेट छोड़ना याद है।
3. सांस्कृतिक परंपराओं के बारे में सीखा नहीं जा सकता, बस आप को इन के बारे में अपने अंदर से ही महसूस हो जाता है।
4. युवा पीढ़ी के मशहूर अभिनेता शाहिद कपूर का सबसे प्रिय त्यौहार दीवाली है, और बचपन में वह दोस्तों के साथ खूब पटाखे छोड़ता था।
5. अब कि रणबीर कपूर एक स्टार बन गया है वह पहले की तरह गलियों और सड़कों पर पटाखे नहीं छोड़ सकता, जिस पर उसे अफ़सोस होता है।

Word activities

Synonyms

(a) अंतर
(b) उपहार
(c) परिवार
(d) मशहूर
(e) अंग

Word derivation

(a) तैयारी
(b) मिठाई
(c) धार्मिक
(d) उत्साह
(e) परंपरा
(f) रंग
(g) संस्कृति
(h) पर्यावरणवादी
(i) हास्य

15 एक दलित की आत्मकथा

True or false

1. T
2. T
3. T
4. F
5. T

Sample answers to questions about the text

1. शुरू में वातावरण सहज और सुखद था, लेकिन जब लेखक ने अपनी जात बताई तो माहौल बिगड़ गया और बोझिल हो गया।
2. अधिकारी की पत्नी के प्रश्न को सुनते ही लेखक की पत्नी की परेशानी ज़ाहिर होती है क्योंकि उसका चेहरा फक पड़ जाता है ओर वह अपने पति की ओर देखने लगती है।
3. हिंदुत्व पर गर्व करनेवाले इस बात को स्वीकार नहीं करते कि आदमी को जन्म के आधार पर मानवीय सम्मान से वंचित रखना न्यायसंगत नहीं है।
4. लेखक के पिता ने सरकारी स्कूल के मास्टर हरफूल सिंह के सामने गिड़गिड़ाकर दाखिला माँगा, और वे स्कूल के कई दिन तक चक्कर काटते रहे।
5. बोर्ड पर लिखे हुए अक्षर कभी कभी धुँधले दिखते थे क्योंकि लेखक को बिलकुल पीछे बैठना पड़ता था, जो बोर्ड से बहुत दूर था।

Word activities

Synonyms

(a) माहौल
(b) यात्रा
(c) जिस्म
(d) प्रकार
(e) ख़ूबसूरती
(f) चर्चा
(g) सामान्य
(h) स्त्री
(i) उत्तर
(j) प्रश्न

Word derivation

(a) बचपन
(b) बोझिल
(c) ऐतिहासिक
(d) मज़दूरी
(e) आज़ादी
(f) मानसिकता
(g) बदलाव
(h) मानवीय
(i) स्वादिष्ट
(j) सुखद
(k) न्यायसंगत
(l) तकलीफ़देह

16 पिता के पत्र

True or false

1. T
2. F
3. T
4. T
5. F

Sample answers to questions about the text

1. जब बर्फ़ के ज़माने के बर्फ़ीले पहाड़ पिघलने लगे और उत्तर की ओर हटने लगे, दुनिया के ज़्यादा हिस्से गरम होने लगे इस लिए आदमी दुनिया के इन हिस्सों में घूमने लगे।
2. नदियों के पास की ज़मीन बहुत उपजाऊ होती है और खेती के लिए बहुत अच्छी होती है, पानी की कमी नहीं होती, और खाने की चीज़ें आसानी से उगती हैं। इस लिए आदमी वहाँ बसे होंगे।
3. आर्यों की आबादी बढ़ गई, पानी और चारे की कमी हो गई, और खाना मिलना मुश्किल हो गया था, तो खाने की तलाश में वे हिन्दुस्तान भी आए।
4. दुनिया में फैलने के बाद आर्यों के अलग अलग हिस्सों के बीच कोई संवाद नहीं रहा और वे अपनी ज़बान को अपने अपने ढंग से बोलने लगे, यहाँ तक कि मूल ज़बान बिलकुल बदल गई।
5. ज़बानों को गौर से देखने से यह मालूम होगा कि कई ज़बानों में फ़र्क होने के बावजूद, वे एक ही खानदान की संतान हैं।

Word activities

Synonyms

(a) पुस्तक
(b) शक
(c) देश
(d) वास्तव में
(e) यानी
(f) बदलाव
(g) रिश्ता
(h) ध्यान से
(i) उदाहरण के लिए
(j) आबाद होना
(k) अलग-अलग
(l) भाषा
(m) परिवार

17 जीवन में मैं क्या बनना चाहता था

True or false

1. T
2. T
3. F
4. F
5. T

Sample answers to questions about the text

1. नायक रेलवे का गार्ड बनना चाहता था क्योंकि गार्ड की इज़्ज़त और उनकी झंडी की अहमियत बहुत होती थी।
2. यह विचार आया होगा क्योंकि नायक अपने पिता से डरता था क्योंकि उसके पिता सब को गालियाँ देते थे, मारते थे, और घर छोड़ने की धमकी देते थे। अगर नायक स्वयं अपना पिता होता, जो कि वास्तव में असंभव है, तो वह इन बातों से बचता, और उसे किसी बात का डर नहीं लगता।
3. टीन की वजह से जो भी वर्षा ऋतु में मुर्द-घाट आता उस पर बारिश नहीं पड़ती, तो बारिश में भीग जाने की असुविधा टीन डलवाने से हट गई।
4. नायक कहता है कि ज़िंदगी में वह जो कुछ भी बना, वह हैडमास्टर की सहायता से बना। इस का मतलब यह है कि नायक की ज़िंदगी पर हैडमास्टर का बहुत भारी प्रभाव पड़ा होगा।
5. फ़िल्मों का अभिनेता न बनने पर नायक के विचार कवि बनने की ओर चले जाते हैं।

Word activities

Synonyms

(a) सपना
(b) यात्री
(c) ख़ुद
(d) की तरह
(e) बारिश
(f) मौसम
(g) दिल
(h) मदद
(i) हिस्सा लेना
(j) भेंट
(k) की जगह में
(l) साल
(m) शायर
(n) शुरू करना
(o) की वजह से
(p) चाहत
(q) अंदर से

Word derivation

(a) ध्यानपूर्वक
(b) कठिनाई
(c) असुविधा
(d) शान
(e) निःसंतान
(f) मुसाफ़िर
(g) दुर्भाग्य
(h) व्यक्ति

18 कच्छ की कुछ नमकीन यादें

True ord false

1. F
2. T
3. F
4. F
5. F

Sample answers to questions about the text

1. कच्छ वाली दोस्त की ज़िंदगी के ख़ास मक़सद हैं ग़ैर-कच्छियों को कच्छ दिखाकर उनके अनुभव का विस्तार करना और कच्छ से बाहर जाकर कच्छ के बारे में प्रचार-प्रसार करना।
2. कच्छ का एक बड़ा हिस्सा सफ़ेद रण, यानी रेगिस्तान है, इसलिए आबादी बिखरी हुई है जिस की वजह से गाँव और शहर एक दूसरे से बहुत दूर हैं।
3. घंटाघर से दृश्य देखकर लेखिका के मन में आता है कि वक़्त वहीं रुक जाए जिस से मालूम होता है कि लेखिका को अच्छा महसूस हुआ होगा।
4. लेखिका लिखती है कि मांडवी में गुज़रे लमहों में सबसे सुन्दर था डूबते सूरज को देखना। इसलिए मुझे लगता है कि यह अनुभव उसे सब से ज़्यादा याद रहेगा।
5. मेरे विचार में लेखिका कच्छ लौटना चाहती है। वह लिखती है कि कच्छ उसकी किसी उम्मीद या अपेक्षा से परे थी, और वह विश्वास से कहती है कि कच्छ उसे ज़रूर वापिस बुलाएगा।

Word activities

Synonyms

(a) सौंदर्य
(b) ज़मीन
(c) उद्देश्य
(d) अंग
(e) नज़ारा
(f) यात्रा
(g) महिला
(h) नज़र आना
(i) लमहा
(j) पेश करना

Word derivation

(a) दिलचस्पी
(b) रंगीन
(c) थकान
(d) पश्चिम
(e) इतिहास
(f) नमकीन
(g) ज़िम्मेदारी
(h) वीरानी
(i) बांधना
(j) भौगोलिक
(k) सौंदर्य
(l) दर्शन

19 मदर इंडिया

True or false

1. F
2. F
3. F
4. T
5. F

Sample answers to questions about the text

1. फूलों का हार पहनने पर राधा को अपनी शादी और पिछली ज़िंदगी की याद आने लग जाती है।
2. औरत कहती है कि सुंदर चाची ने ऐसा लगन किया है कि दस-दस कोस नाम हो गया है। इस से मालूम होता है कि सुंदर चाची ने बड़े धूम-धाम से लगन किया होगा।
3. राधा ने अपने गहने उतारे, और इस लिए उतारे होंगे क्योंकि उसने सोचा होगा कि शायद गहने बेचकर ज़मीन गिरवी रखने की कुछ रकम को वह चुका सके।
4. श्यामू को राधा से पता चलता है कि ज़मीन गिरवी रखी हुई है। पहले वह यह बात मानता नहीं, लेकिन फिर वह कहता है कि अगर गिरवी रखी भी हो तो कोई बड़ी समस्या नहीं क्योंकि सुखीलाला को पैसे लौटने में ज़्यादा समय नहीं लगेगा।
5. सुखीलाला औरतों को घूरता रहता है जिस से मालूम होता है कि वह औरतों की कम इज़्ज़त करता होगा।

Word activities

Synonyms

(a) लगन
(b) सदा
(c) जमा होना
(d) मर्द
(e) बास
(f) जवाब

20 चीफ़ की दावत

True or false

1. F
2. T
3. F
4. T
5. T

Sample answers to questions about the text

1. शामनाथ ने अपनी माँ को घर पर रहने को कहा होगा और वे यह हुक्म नहीं टालना चाहती थीं, इस लिए वे सहेली के घर पर नहीं गईं।
2. इस वक़्त के दौरान शामनाथ और उनकी पत्नी दावत के लिए तैयार होते हैं, फिर शामनाथ अपनी माँ को हिदायत देते हैं, जिस पर माँ परेशान होती हैं। इस के बाद दावत शुरू होती है, और सब मेहमान दावत का आनंद लेते हैं।
3. माँ को बरामदे में सोते हुए देखकर शामनाथ को गुस्सा आता है, मेहमानों की पत्नियाँ हँसती हैं, साहिब अपनी संवेदनशीलता दिखाते हैं, और माँ स्वयं घबरा जाती हैं।
4. साहिब से मिलने पर माँ नमस्ते ठीक तरह से कर नहीं पातीं क्योंकि उनका दायाँ हाथ माला पकड़े हुए दुपट्टे के अंदर है, और हाथ मिलाते हुए भी वे साहिब को अपने बायाँ हाथ देती हैं क्योंकि दायें हाथ में वही माला है।
5. साहिब जब माँ से मिल रहे हैं तो कहानी में लिखा हुआ है कि वातावरण हलका होने लग जाता है जिस पर शामनाथ की खीज कुछ कम होने लगती है। फिर माँ के गाने के बाद शामनाथ ख़ुश होते हैं।

Word activities

Synonyms

(a) कामयाबी
(b) क्षण
(c) स्त्री
(d) महक
(e) बू
(f) नाच
(g) आदेश
(h) वातावरण
(i) गीत
(j) सवाल

Word derivation

(a) कामयाबी
(b) सफलता
(c) प्रसन्नता
(d) सजावट
(e) पिलाना
(f) हँसना
(g) धकेलना
(h) घबराहट
(i) रुकावट

Appendices

Common conjunct characters

Most conjunct characters are formed by joining a 'half' form of the first character in the combination to a full form of the second character in the combination. Most characters that contain a vertical line in their formation lose the vertical line when joining with the second character, as seen in this example with स.

स् + थ = स्थ as in स्थान

Characters that end in a 'hook' (such as क and फ) shorten the hook when joining with the second character, as seen in this example with क.

क् + य = क्य as in क्या

However, some conjunct characters do not follow these principles. The most common of these that appear in this book are listed here.

क्त = क् + त
क्ष = क् + ष
ज्ञ = ज् + ञ
ट्ट = ट् + ट
ट्ठ = ट् + ठ
ट्र = ट् + र
त्त = त् + त
त्न = त् + न
त्र = त् + र
द्द = द् + द
द्ध = द् + ध
द्भ = द् + भ
द्य = द् + य
द्व = द् + व
श्च = श् + च
श्न = श् + न
श्र = श् + र
श्ल = श् + ल
श्व = श् + व
ष्ट्र = ष् + ट् + र
ष्ठ = ष् + ठ
ह्म = ह् + म

The vocabulary of Hindi

Hindi has been enriched by loanwords from sources ranging from the classical language Sanskrit to modern languages such as English and Portuguese, as well as Persian and Arabic. The choice of loanwords used affects the style and register of Hindi. A higher or more formal register of Hindi tends to be based mainly on Sanskrit borrowings (*tatsam* words) or words that have evolved from Sanskrit (*tadbhava* words). Hindi that is based heavily on Perso-Arabic borrowings moves more towards the realm of being considered Urdu. On the other hand, Hindi which relies heavily on English could be termed 'Hinglish'. At the colloquial level Hindi is made up of a mix of loans from the various sources.

Prefixes and suffixes

Words in Hindi can be derived from or related to other words by adding prefixes, suffixes or making other types of changes.

This section covers some of the commonly used prefixes and suffixes that appear in this book. Prefixes or suffixes which originate from Perso-Arabic sources are usually compatible with Perso-Arabic words. Prefixes or suffixes from either Sanskrit or Hindi origin tend to favour vocabulary from Sanskrit (*tatsam*) or Hindi (*tadbhava*) sources.

Sanskrit and Hindi prefixes

अ- denotes 'not' or 'without'. It generally forms a noun or adjective from another noun or adjective.

सुविधा convenience	असुविधा inconvenience

अन- denotes 'not' or 'without'. It generally forms an adjective from a noun or another adjective.

मोल value, price	अनमोल invaluable, priceless

दुर्- denotes 'bad'. It forms a noun or adjective from another noun or adjective.

घटना incident, event	दुर्घटना accident

निः- or निर्- denotes 'not' or 'without'. It generally forms adjectives or nouns from nouns.

आशा hope	निराशा despair
संतान offspring	निःसंतान childless

सु- denotes 'good'. It generally forms a noun or adjective from another noun or adjective.

गंध smell	सुगंध fragrance

Perso-Arabic prefixes

ग़ैर- denotes 'not' or 'without'. It generally forms a noun or adjective from another noun or adjective.

सरकारी official, governmental — ग़ैरसरकारी unofficial, non-governmental

ना- denotes 'not' or 'without'. It generally forms an adjective from a noun or adjective.

काम work — नाकाम unsuccessful

ब- denotes 'with'. It forms adverbs from nouns.

ख़ूबी excellence — बख़ूबी excellently

बद- denotes 'bad'. It forms a noun or adjective from another noun.

बू smell — बदबू odour

बे- denotes 'without'. It generally forms an adjective from a noun.

शरम shame — बेशरम shameless

हम- denotes 'having something in common'. It generally forms adjectives from nouns.

उम्र age — हमउम्र of the same age

Sanskrit and Hindi suffixes

-अक denotes 'doer of'. It forms nouns from other nouns.

अनुवाद translation — अनुवादक translator

-आई forms a feminine noun from a verb stem.

पढ़(ना) to read, to study — पढ़ाई study

-आलय denotes 'abode of' or 'house of' and forms a noun from another noun.

विद्या knowledge — विद्यालय school

-आवट forms a feminine noun from a verb stem.

रुक(ना) to be stopped — रुकावट obstacle

-इक forms adjectives from nouns, with 'lengthening' of the initial vowel where the initial vowel is a short vowel.

साहित्य literature — साहित्यिक literary
समाज society — सामाजिक social

-इत forms adjectives from nouns.

प्रभाव effect, influence — प्रभावित influenced

-ईय forms adjectives from nouns.

भारत India | भारतीय Indian

-कार denotes 'creator of' or 'performer of'. It forms nouns from other nouns.

कहानी story | कहानीकार story-teller

-ता forms abstract feminine nouns from adjectives.

व्यस्त busy | व्यस्तता state of being busy, preoccupation

-त्व forms abstract masculine nouns from adjectives.

व्यक्ति person | व्यक्तित्व personality

-देह denotes 'giving' and forms adjectives from nouns.

आराम comfort | आरामदेह comfortable

-पूर्वक denotes 'containing' or 'full of'. It forms adverbs from nouns.

ध्यान care, attention | ध्यानपूर्वक carefully

-वादी denotes 'believer in'. It forms nouns or adjectives from nouns.

पर्यावरण environment | पर्यावरणवादी environmentalist

-वान denotes 'having' or 'possessing'. It forms an adjective from a noun.

भाग्य luck, fate | भाग्यवान lucky

-हट forms abstract feminine nouns from a verb stem.

मुस्करा(ना) to smile | मुस्कराहट smile

-हीन denotes 'without' and forms adjectives from nouns.

दिशा direction | दिशाहीन directionless

Perso-Arabic suffixes

-इयत denotes 'having' or 'possessing'. It can form a noun from an adjective.

अहम important | अहमियत importance

-ईन denotes 'having' or 'possessing'. It forms an adjective from a noun.

रंग colour | रंगीन colourful

-दार denotes 'possessing' and forms nouns or adjectives from nouns.

रिश्ता relationship | रिश्तेदार relative
मज़ा enjoyment | मज़ेदार enjoyable

-नाक denotes 'containing' and forms adjectives from nouns.

ख़तरा danger | ख़तरनाक dangerous

The suffix -ई

The suffix -ई deserves special mention as it can be used with words of all origins to form nouns from adjectives, adjectives from nouns, nouns from other nouns, and nouns from verb stems.

Forming nouns from adjectives:

ख़ुश happy ख़ुशी happiness

Forming adjectives from nouns:

सरकार government सरकारी governmental, official

Forming nouns or adjectives from nouns:

विदेश abroad, overseas विदेशी a foreigner, foreign

Forming nouns from verb stems:

हँस(ना) to laugh हँसी laughter

Hindi dictionary order

The dictionary order of Devanagari is based on the following principles:

1. Vowels precede consonants, starting with अ and ending at औ.
2. Nasalised vowels precede their non-nasalised counterparts, i.e. अँ comes before अ.
3. Consonants follow the vowels, starting with क and ending at ह.
4. Syllables with *candrabindu* or *anusvār* precede their counterparts that are without *candrabindu* or *anusvār* i.e. काँ or कां come before का.
5. Syllables formed by consonant combinations precede syllables formed by a consonant combined with a vowel symbol, i.e. यह comes before या.
6. The subscript dots are ignored, i.e. क and क़ are considered the same in dictionary order.
7. Non-conjunct forms of consonants precede the conjunct form.
8. The Sanskrit letters क्ष, त्र and ज्ञ follow क्, त् and ज् respectively.

Glossary

The following Hindi–English glossary includes all words that have been glossed in the chapters of this book. Words have been defined according to their particular meaning in the text in which they appear, and therefore do not cover other possible definitions.

The numbers refer to the chapter in which the word first appears.

अ

अँधेरा	m.	darkness	2
अंग	m.	part, portion, organ	14
अंगूठी	f.	ring	9
अंत	m.	end	3
अंतर	m.	difference	14
अंदरूनी	adj.	internal	5
अंदाज़	m.	style, manner	12
अंदाज़ा	m.	guess, estimate	6
(का) अंदाज़ा लगाना	vt.	to guess, to estimate	6
अकेले	adv.	alone	14
अक़्ल	f.	wisdom	3
अक्षर	m.	letter of the alphabet	15
अक्सर	adv.	often	15
अगला	adj.	next	1
अचानक	adv.	suddenly	15
अछूत	m.	untouchable	15
अछूतोद्धार	m.	improvement of the condition of untouchables	15
अज्ञानता	f.	ignorance	4
अड़चन	f.	obstacle, hindrance	20
अतः	adv.	therefore	4
अदा करना	vt.	to perform	17
अद्भुत	adj.	amazing	1
अधिकार	m.	right	10
अधिकारी	m.	one deserving of something; official, officer	4

अधेड़-उम्र or अधेड़	adj.	middle-aged	11
अनपढ़	adj.	illiterate	20
अनमोल	adj.	precious, invaluable	11
अनाज	m.	grain	15
अनार	m.	pomegranate; a type of firework that burns in the form of an ornamental fountain	14
अनुभव	m.	experience	6
अनुराग	m.	affection	4
अनुवादक	m.	translator	8
अनुशासनप्रिय	m.	fond of discipline	17
अनूठा	adj.	unique	6
अनोखा	adj.	unique	18
अपनाना	vt.	to make one's own, to embrace, to adopt	3
अपनापन	m.	kinship; affinity, intimacy	5
अपने आप में	phr.	in itself	5
अपरिचय	m.	unfamiliarity	15
अपशकुन	m.	bad omen	4
अफ़सर	m.	officer	20
अफ़सोस	m.	regret, sorrow	1
अबे	interj. pej.	you! wretch!	15
अभिनय	m.	acting	12
अभिनेता	m.	actor	12
अभिनेत्री	f.	actress	12
अभिन्न	adj.	inseparable, integral	18
अरे	interj.	hey, oh! (attracting attention or expressing astonishment)	1
अर्थ	m.	meaning	8
अर्थात्	conj.	that is to say, in other words	16
अलबत्ता	adv.	for sure, to be sure	17
अवसर	m.	opportunity, occasion	13
अव्यावहारिकता	f.	impracticability	4
अशुद्ध	adj.	impure, improper	5
अश्लील	adj.	indecent	13
असल में	adv.	in reality, in fact	11
असली	adj.	true, real	14
असुविधा	f.	inconvenience	17
अस्त-व्यस्त	adj.	fallen and disordered	20
अस्तित्व	m.	existence	8

अहंकार	m.	ego	10
अहम	adj.	important	6
अहसास	m.	realisation	14
अहसास दिलाना	caus.	to cause one to realise	14

आ

आँगन	m.	courtyard	19
आई. आई. टी.	abbv.	IIT, i.e. Indian Institute of Technology	5
आख़री	adj.	final	1
आख़िर	adv.	after all, finally	10
आग	f.	fire	4
आगे निकलना	vi.	to overtake, to excel	17
आगे बढ़ना	vi.	to move ahead, to progress	3
आग्रह	m.	insistence	4
आचरण	m.	conduct, behaviour	10
आचरण करना	vt.	to behave, to act	10
आज़ाद	adj.	free	13
आज़ादी	f.	freedom	15
आज्ञापत्र	m.	document, letter of authority	17
आटा	m.	flour	11
आतिशबाज़ी	f.	fireworks	14
आत्मकथा	f.	autobiography	15
आत्मविश्वास	m.	self-confidence	13
आदत	f.	habit	15
आदतन	adv.	habitually	11
आदर्श	m.	ideal	7
आदि	adv.	etcetera	10
आदेश	m.	order, ruling	8
आधारित	adj.	based	12
आधुनिक	adj.	modern	1
आनंद	m.	joy, bliss	6
(का) आनंद उठाना	vt.	to enjoy	6
आपस में	adv.	among themselves	16
आपसी	adj.	mutual	15
आबाद होना	vi.	to populate, to settle	16
आबादी	f.	population	18
आमदनी	f.	income	2

आय	f.	income	2
आय-कर	m.	income tax	11
आयोजन	f.	organising, planning	6
आरती	f.	a ceremony performed during worship	1
आराधना	f.	worship, adoration	20
आराम	m.	comfort, rest	1
आर्थिक	adj.	economic	13
आर्य	adj.	Aryan	16
आवाज़	f.	voice, sound	11
आवाज़ उठाना	vt.	to raise one's voice	13
आशीर्वाद	m.	blessing	7
आसमान	m.	sky	6
आसान	adj.	easy	12

इ

इंतज़ार	m.	waiting	14
(का) इंतज़ार करना	vt.	to wait (for)	11
इंसान	m.	human being	9
इकट्ठा करना	vt.	to gather, to collect	2
इकतारा	m.	one-string musical instrument	18
इच्छा	f.	desire	7
इजाज़त	f.	permission	8
इज़्ज़त	f.	respect, honour	3
इतने में	adv.	in the meantime	20
इतालवी	adj.	Italian	18
इतिहास	m.	history	1
इनका सर	interj.	'to hell with them!'	19
इमारत	f.	building	1
इलाक़ा	m.	area, district	13
इस्तेमाल	m.	usage	5
(का) इस्तेमाल करना	vt.	to use	5

ई

ईसाई	adj. & m.	Christian	15

उ

उंगली	f.	finger	20
उकेरना	vt.	to engrave, to etch	5

उगना	vi.	to grow	2
उचित	adj.	appropriate, suitable	13
उड़ना	vi.	to fly	18
उतरना	vi.	to come down, to descend	14
उतारना	vt.	to remove	18
उत्तर	m. & adj.	response; north	15
उत्सव	m.	festival, festivity	14
उत्साह	m.	enthusiasm	14
उदार	adj.	inclusive, liberal, generous	8
उदाहरण	m.	example	5
उद्देश्य	m.	purpose	8
उन्नति करना	vt.	to progress	16
उपजाऊ	adj.	fertile	16
उपन्यास	m.	novel	10
उपलब्ध होना	vi.	to be available	1
उपलब्धि	f.	achievement	12
उपहार	m.	gift	14
उपाय	m.	solution	11
उपेक्षा	f.	contempt, neglect	6
उबड़-खाबड़	adj.	rough, uneven, bumpy	13
उमंग	f.	elation	14
उम्मीद	f.	hope	1
उम्मीदवार	m.	candidate	5
उल्लास	m.	joy, delight	10
उस्तरा	m.	razor	17

ऋ

ऋतु	f.	season	17

ए

एक तरफ़ से . . . दूसरी तरफ़ से . . .	phr.	on the one hand . . . on the other hand	1
एकता	f.	unity	11
एकत्र	adj.	collected, together	4
एकदम	adv.	completely, totally, exactly	3
एतराज़	m.	objection	7
एवं	conj.	and	4

एहसास	m.	realisation	4
(को) एहसास होना	vi.	to realise	4

ऐ

ऐतिहासिक	adj.	historical	15

ओ

ओत-प्रोत	adv.	through and through	20

औ

और तो और	adv.	and then, others apart, besides	8

क

कटवाना	caus.	to have cut, to cause to cut	17
कठिन	adj.	difficult, hard	3
कठिनाई	f.	difficulty	17
कड़ा	adj.	firm, tough	13
कढ़ाई	f.	embroidery	18
कण	m.	particle, grain of sand	18
क़तार	f.	line, queue	11
क़दम	m.	step	8
क़दम उठाना	vt.	to take a step	13
कन्या	f.	unmarried girl	4
कबीर	pn.	Kabīr: a mystic Hindi poet born in the fifteenth century	8
कब्ज़ा	m.	grasp, occupancy	15
कभी-कभार	adv.	sometimes, seldom	2
कमाना	vt.	to earn	6
कमाल	m.	excellence, something wonderful	1
कमाल का/की/के	adj.	excellent, amazing	1
कमी	f.	lack	2
करवाना	caus.	to get (something) done	9
क़रीब	adj. & adv.	close (to)	2
कर्मचारी	m.	worker, employee	6
कलाकार	m.	artist	12
कल्पना	f.	something imagined; imagination	18
कल्पना करना	vt.	to imagine	7
कवि	m.	poet	17
क़सम	f.	promise	19

क़स्बा	m.	town	17
क़हक़हा	m.	burst of laughter	20
कहलाना	vi.	to be called	16
कहा	m.	something said, remark	20
कहानी	f.	story	5
कहानीकार	m.	story-teller	5
काँजी	f.	a sauce made from rice or mustard seeds	11
काँपना	vi.	to tremble	20
कागज़	m.	paper	5
क़ानूनी	adj.	legal	13
कामकाज	m.	workings, operations	8
कामयाब	adj.	successful	5
कामयाबी	f.	success	5
कारण	m.	reason	2
कार्य	m.	action, work	4
कार्यकर्ता	m.	worker, official	12
कार्यक्रम	m.	programme	3
काश	conj.	if only, how I wish that	17
काहे को	adv. reg.	what for, why	19
किताबी	adj.	bookish	8
किनारा	m.	edge, border	11
किरण	f.	ray	13
किरदार	m.	character	12
किसान	m.	farmer	2
क़िस्सा	m.	story, tale	11
की तरफ़ से	post.	from	9
की भाँति	post.	like	17
क़ीमत	f.	cost	5
कुआँ	m.	well	2
कुल	m.	tribe, family	16
कुलबुलाना	vi.	to fidget, to wriggle	10
कुल्ला करना	vt.	to gargle	19
कृपा	f.	grace, favour	17
के अनुसार	post.	according to	4
के अलावा	post.	apart from	6
के आधार पर	post.	on the basis of	15
के आसपास	post.	around, about	15

के इर्दगिर्द	post.	around	12
के इर्दगिर्द घूमना	vi.	to revolve around	12
के कारण	post.	by reason of	10
के ख़िलाफ़	post.	against, in opposition to	11
के ज़रिए	post.	by means of	6
के तौर पर	post.	by manner of, as	13
के दौरान	post.	during	8
के नाते	post.	by virtue of	12
के प्रति	post.	towards	4
के बजाय	post.	instead of	11
के बदले में	post.	in return for	15
के बरखिलाफ़	post.	contrary to	17
के बल पर	post.	by virtue of, supported by	5
के बावजूद	post.	in spite of	13
के बीचोंबीच	post.	at the centre, in the middle	18
के माध्यम से	post.	through the medium of	12
के मुताबिक़	post.	according to	12
के रूप में	post.	in the shape of, in the form of	11
के लिहाज़ से	post.	from the point of view of	18
के समक्ष	post.	in the presence of, before	4
के सिलसिले में	post.	in connection with	3
के स्थान	post.	in place of	8
के हक़ में	post.	in favour of	12
के हवाले करना	vt.	to hand over to	13
के हिसाब से	post.	as far as is concerned	13
केन्द्र	m.	centre	20
क़ैद होना	vi.	to be imprisoned	11
कोठरी	f.	closet, small room	20
कोठी	f.	mansion	11
कोना	m.	corner	5
कोमल	adj.	soft, tender	17
कोमलकांत	adj.	lyrical, tender	17
कोस	m.	a measure of distance equivalent to approximately 2 miles	19
कौड़ी	f.	a miniscule sum of money	19
क़ौम	f.	nation, people, community	16
क्राकरी	f.	'crockery'	10

क्रुद्ध	adj.	angry	20
क्षण	m.	moment	7
क्षितिज	m.	horizon	17
क्षेत्र	m.	area, field	13
क्षोभ	m.	agitation, anguish	20

ख

खटपट	f.	clashing	15
खट्टा	adj.	bitter, sour	11
ख़तरा	m.	danger	8
ख़तरों का खिलाड़ी		the name of a sports/stunt reality game show based on the American show *Fear Factor*	9
ख़रीदारी	f.	shopping	1
खर्राटा	m.	snore	20
ख़लल	f.	interruption, disturbance	15
ख़ानदानी	adj.	of good family, familial	16
खान-पान	m.	food and drink	7
ख़ानाबदोश	m.	nomad	16
खिन्न होना	vi.	to feel uneasy or distressed	20
खिलखिलाकर हँसना	vi.	to laugh out loud	20
खिलखिलाना	vi.	to giggle	20
खिलाड़ी	m.	player, sportsman	9
खिसकना	vi.	to move away, to slip away	11
खिसियाना	vi.	to be ashamed	20
खींच मारना	vt.	to throw	19
खींचना	vt.	to pull	2
खीज	f.	annoyance	20
ख़ुराक	f.	food, rations	10
खुलना	vi.	to be opened	10
ख़ून	m.	blood	3
ख़ूब	adj.	well, a lot	1
ख़ूबसूरत	adj.	beautiful	1
खेती	f.	farming	2
खेतीबाड़ी	f.	farming	2
ख़ैरियत	adj.	well, fine	20
खोना	vt.	to lose, to misplace	9
ख़्वाब	m.	dream	13

ग

गँवाना	vt.	to lose, waste	11
गंजा	adj.	bald	20
गंदगी	f.	dirt, filth	11
गंभीर	adj.	serious	20
गगरी	f.	water pot	19
गड़बड़	f.	disorder, confusion	10
गणपति	pn.	a name for Ganesh, the elephant-headed god	14
गप-शप	f.	gossip, chit-chat	1
गप्प	m.	'pop' (onomatopoeia)	11
ग़म	m.	sorrow	7
गर्दन	f.	neck	17
गर्व	m.	pride	15
गला	m.	throat, neck	9
गले से लगना	vi.	to embrace	9
गलौज	f.	name-calling	15
गहना	m.	jewel	19
गहना पाटा	m.	wedding jewellery	19
गहरा	adj.	deep	16
गाँव	m.	village	2
गाजर	m.	carrot	11
गाना	vt.	to sing	3
गाना	m.	song	3
गाय	f.	cow	2
गायक	m.	singer	7
गायिका	f.	female singer	3
गार्ड	m.	guard	17
गाली	f.	abusive language, abuse	15
गिड़गिड़ाना	vi.	to plead	15
गिनना	vt.	to count	11
गिरना	vi.	to fall, to drop	4
गिरवी रखना	vt.	to pawn, to mortgage	19
गिराना	vt.	to drop	10
गीत	m.	song	18
गुज़ारना	vt.	to spend (time)	18
गुण	m.	quality	19
गुदगुदाना	vt.	to tickle	14

गुनगुनाना	vt.	to hum	18
गुमसुम	adj.	quiet, moody	20
गूँजना	vi.	to ring, to resound	20
गृह-मंत्रालय	m.	Home Ministry	8
ग़ैर सरकारी संस्था	f.	non-governmental organisation	13
ग़ैर-कच्छी	adj.	non-Kutchie	18
गोलगप्पा	m.	a round puffed cake, usually eaten filled with diced potato or chickpeas, and tamarind sauce, also commonly known as पानी-पूरी (f.)	1
ग़ौर से	adv.	carefully	16
ग्राहक	m.	customer	6

घ

घंटाघर	m.	clock-tower	18
घटना	f.	incident, event	7
घटनास्थल	m.	scene of action	5
घबराना	vi.	to be confused, to be perplexed	20
घबराहट	f.	anxiety	20
घर-बार	m.	household goods; family	13
घाट	m.	embankment, steps down to the water	1
घास	f.	grass	16
घुटना	m.	knee	9
घुमाना	vt.	to dial (a phone number)	13
घुल-मिलना	vi.	to be on intimate terms	15
घुसना	vi.	to enter (can sometimes have the sense of entering forcibly or surreptitiously)	10
घूँट	m.	sip	20
घूरना	vt.	to stare, to ogle	19
घृणा	f.	hatred	15
घेर	m.	boundary	15
घेरना	vt.	to gather up	15

च

चक्कर आना (को)	vi.	to feel dizzy	4
चक्कर काटना	vt.	to make rounds	15
चखना	vt.	to taste	11
चखाना	caus.	to give a taste	11
चटपटा	adj.	hot, spicy	11

चटाई	f.	a mat woven from leaves, can be used for sitting on the floor	15
चटोरा	m.	'foodie', greedy, someone with a sweet tooth	11
चढ़ना	vi.	to rise up, to ascend	18
चना	m.	chickpea	11
चमकना	vi.	to shine	19
चमत्कृत	adj.	astonished	10
चरागाह	m.	meadow, pasture	16
चराना	vt.	to graze	16
चर्चा	f.	conversation	15
चल रे	interj.	oh come along, hey come along	10
चलन	m.	demand (for goods), trend	6
चलना	vi.	to run (i.e. of a film)	12
चहकना	vi.	to squeak, to chirp	10
चहारदीवारी	f.	enclosing wall, boundary wall	14
चाट	m.	a type of appetiser or savoury snack	11
चाटना	vt.	to lick	19
चादर	f.	sheet	18
चार चाँद लगाना	vt.	to give a splendid appearance, to raise the standard	11
चारा	m.	fodder	16
चारों तरफ़	adv.	all around, lit.: on four sides	4
चाहत	f.	desire, want	7
चाहना	vt.	to love	9
चाहे	conj.	even if	6
चिंता	f.	worry, concern	2
चिढ़ाना	vt.	to tease, to irritate	3
चित्र	m.	picture, film	17
चित्रपट	m.	Screen, i.e. cinema	17
चुकाना	vt.	to settle, pay off	13
चुटकुला	m.	joke, pun	20
चुनना	vt.	to choose	3
चुनिंदा	inv.	selected	5
चुनौती	f.	challenge	12
चुपचाप	adj.	quiet, silent	3
चुभना	vt.	to prick, pierce	15
चूमना	vt.	to kiss	9
चूल्हा	m.	stove	13

चूहड़ा	m.	a caste who are traditionally sweepers	15
चेहरा	m.	face	13
चैन	m.	peace of mind, contentment	10
चैन की नींद सोना	vi.	to sleep peacefully	10
चोर दरवाज़ा	f.	back door	15
चौका	m.	a cooking area	13

छ

छनना	vi.	to get on well	17
छलांग	f.	leap	18
छलांग लगाना	vt.	to leap	18
छवि	f.	image	7
छाँव	f.	shade	7
छाना	vi.	to spread over	5
छाया	f.	shade, shadow, reflection	17
छिपना	vi.	to be hidden	13
छींकना	vi.	to sneeze	19
छुक-छुक	f.	chuff-chuff	17
छुड़ाना	vt.	to extricate, to release	19
छुपाना	vt.	to hide	19
छूटना	vi.	to be given up, to be lost	13
छोड़ना	vt.	to leave, to let go, to give up	4

ज

जगमगाहट	f.	flash, twinkle	14
जटिल	adj.	complex	5
जड़	f.	root	3
जनता	f.	public, masses	15
जन्म	m.	birth	15
जन्मना	vi.	to be born	3
जबरन	adv.	forcibly	11
ज़बान	f.	language, tongue	16
ज़बान	f.	tongue	11
जमा करना	vt.	to save, to deposit	8
जमा होना	vi.	to gather, to collect	19
ज़माना	m.	age, era	16
ज़मीं	f.	ज़मीन	14

ज़मीन	f.	earth, land	6
ज़मीन रखाना	caus.	to put land in the hands of someone, to mortgage the land	19
ज़रिया	m.	means, medium	5
जलना	vi.	to burn, to feel jealous; to be enflamed	1
जलाना	vt.	to turn on, to ignite, to burn	10
जल्द	adv.	soon	3
जल्दबाज़ी	f.	haste	11
जवाब	m.	answer	9
जागना	vi.	to be awake	20
जागरूक	adj.	alert, aware	12
जागीर	f.	estate, land	17
जागो-री	pn.	'Awaken' (the name of an NGO)	13
जात	f.	caste	15
जाति	f.	race	16
जान	f.	life-force, spirit	4
जान मारना	vt.	to exert oneself to the limit	5
जानदार	adj.	lively	8
जानना	vt.	to know	12
जानवर	m.	animal	2
जारी होना	vi.	to come into force, to come into use	8
ज़ाहिर करना	vt.	to explain, to make clear	6
ज़िंदगी	f.	life	2
ज़िक्र	m.	mention	9
जिगरी दोस्त	m.	close friend	9
ज़िम्मेदारी	f.	responsibility	7
ज़िला	m.	district	2
जिस्म	m.	body	15
जी	m.	mind, heart	18
(का) जी चाहना	vt.	to want, to desire	20
जी में आना	vi.	to come to mind	18
जीतना	vt.	to win	11
जीते-जी	adv.	'as long as one lives'	17
जीना	vi.	to live	11
जीभ	f.	tongue	11
जीवन	m.	life	2
जीवन व्यर्थ गँवाना	vt.	to waste one's life in vain	11

जीवन्शैली	f.	life style	18
जीवित	adj.	alive	2
जुड़ना	vi.	to be connected, to be joined, to be fixed	6
जुलाहा	m.	weaver	15
जेसल-तोरल	pn.	Jesal and Toral – a folk tale	18
जैसे ही	adv.	as soon as	11
जोखिम	m.	risk	12
जोखिम उठाना	vt.	to take a risk	12
जोड़ना	vt.	to connect, to join	11
जोड़ा	m.	pair, couple	11
जोड़ी	f.	couple	6
ज़ोर	m.	force	14
ज़ोर से	adv.	with force, loudly	9
जोहड़	m. reg.	small lake or pool	15
ज्ञाता	m.	knowledgeable person, expert	4
ज्ञान	m.	knowledge, wisdom	15
ज्यों की त्यों	adv.	as it is, unaltered	6
ज्यों-ज्यों	adv.	as	16

झ

झंडी	f.	small flag	17
झट से	adv.	with a start, immediately	19
झटका	m.	jolt, sudden movement	20
झरना	vi.	to flow, to cascade	20
झलक	f.	glimpse	2
झाड़ू	m.	broom	19
झाड़ू मारना	vt.	to sweep	19
झिझकना	vi.	to hesitate, to be timid	20
झील	f.	lake	18
झुकना	vi.	to bow, to bend	9
झूठ	m.	lie, untruth	19
झूलना	vi.	to swing	20
झेंप	f.	embarrassment	5
झेलना	vt.	to undergo, to endure	6

ट

टक्कर	f.	collision	6
टप्पा	m.	a type of Panjabi folk song	20

टाँग	f.	leg	9
टाँग देना	vt.	to kick	9
टाट	m.	sackcloth	15
टालना	vt.	to avoid, to deflect	15
टिकटिकी बांधे	adv.	with eyes wide open	20
टिकना	vi.	to be fixed	16
टिक्की	f.	a round, flat type of 'cake' or 'burger'	11
टिप्पणी	f.	comment	11
टीन	f.	tin, metal, a metal roof	17
टुकड़ा	m.	piece, morsel	10
टूटना	vi.	to break; to rush upon, to attack	10
टेढ़ा	adj.	bent, crooked	17
टोकरी	f.	basket	19
टोपी	f.	hat	19
ट्रीट	f.	treat	11

ठ

ठहरना	vi.	to stand firm	11
ठिकाना	m.	fixed place; fixed limit	7
ठिठकना	vi.	to stand still, to be taken aback	20
ठेला	m.	cart, trolley (of the food-seller)	11
ठोकना	vt.	to strike, to crash (e.g. to crash a car)	9

ड

डंडा	m.	stick, rod	7
डटकर	adv.	vigorously, stubbornly	13
(से) डरना	vi.	to be afraid (of)	3
डराना	vt.	to scare, to frighten	10
डाकू	m.	dacoit, bandit	18
डालना	vt.	to put, to place	10
डिप्टी कलेक्टर	m.	deputy collector (a senior administrative officer)	17
डीज़ल	m.	diesel	17
डूबना	vi.	to sink	18

ढ

ढंग	m.	manner	16
ढंग से	adv.	in a manner, properly	5
ढाबा	m.	Panjabi-style roadside café	1

त

तंग करना	vt.	to annoy, to harass	3
तकनीकी	adj.	technical	17
तक़रीबन	adv.	almost, approximately	5
तकलीफ़देह	adj.	troublesome, distressful	15
तगा	pn.	an alternative form of त्यागी	15
तड़का	m.	seasoning	12
तनख़्वाह	f.	salary	13
तनना	vi.	to be made taut, to be stretched	8
तपस्या	f.	penance	4
तबाह	adj.	destroyed	18
तब्दीली	f.	change	16
तमाम	adj.	all, entire	7
तय करना	vt.	to cover (a distance)	2
तरकीब	f.	plan	10
तरकीब निकालना	vt.	to hatch a plan	10
तरफ़	f.	side, direction	14
तरीक़ा	m.	way, manner, method	5
तलाश	f.	search	10
तलाशना	vt.	to search for	6
तस्वीर	f.	picture	1
ताँबा	m.	copper	19
ताऊ	m.	uncle (father's older brother)	15
ताक़तवर	adj.	mighty	7
ताकि	conj.	so that	5
ताज़ा	adj.	fresh	19
ताना	m.	taunt, jibe	13
तार	f.	wire	16
तारीफ़	f.	praise	7
तालाब	m.	pond, reservoir	19
तालियाँ बजाना / पीटना	vt.	to clap	9
ताली	f.	clap	9
तीन पीस का सूट	m.	three-piece suit	17
तुरंत	adv.	immediately	11
तेल	m.	oil	11
तैयारी	f.	preparation	5

तो ही तो	adv.	only then	14
तोड़ेना	vt.	to break	9
त्यागी	pn.	Tyāgī, landowners of the Brahmin caste	15
त्यौहार	m.	festival	14

थ

थकान	f.	fatigue	2
थमना	vi.	to be still	18
थर-थर	m. & adj.	shaking, trembling	20
थर-थर काँपना	vi.	to tremble (with fear)	20
थामना	vt.	to clutch, to seize	9
थूकना	vt.	to spit	19
थोड़े ही	adv.	little indeed, by no means, hardly	18

द

दंश	m.	sting, bite	15
दक्षिण	adj.	south	18
दक्षिणी	adj.	southern	16
दबाना	vt.	to press	6
दम	m.	spirit, strength	12
दम रखना	vt.	to have strength or spirit	12
दमकना	vi.	to glow, to bloom	13
दरअसल	adv.	actually, in fact	5
दर्शक	m.	viewer	12
दर्शन	m.	viewing, seeing	18
दर्शनीय	adj.	worth seeing	18
दलदल	f. & m.	marsh, swamp	18
दशक	m.	decade	12
दसवीं की पढ़ाई	f.	Grade 10	13
दस्तख़त	m.	signature (usually used in the plural)	17
दही	f.	yoghurt	1
दहेज	m.	dowry	19
दाँत	m.	tooth	19
दाख़िला	m.	admission	12
दाना	m.	grain	10
दायरा	m.	circle, range	8
दावत	f.	feast, dinner party	11

दास्ताँ	f.	tale, story	13
दिक़्क़त	f.	problem, difficulty	7
(को) दिक़्क़त होना	vi.	to have a problem or difficulty	13
दिखना	vi.	to be seen	11
दिखाई देना	vi.	to be seen, to appear	9
दिल	m.	heart	5
(का) दिल करना	vt.	to feel like, to desire	18
दिल में बसाना	vt.	to keep close to the heart, to keep in one's heart	18
दिलाना	caus.	to cause to give, to assign	13
दिल्लगी	f.	joking, amusement	19
दिशा	f.	direction	3
दिशाहीन	adj.	directionless	13
दीन	adj.	humble, dejected	20
दीपक	m.	lamp	14
दीपावली	f.	दीवाली	14
दीया	m.	oil lamp	14
दीवार	f.	wall	15
दुखना	vi.	to pain, to hurt	19
दुपट्टा	m.	scarf, veil	18
दुबारा	adv.	again, for the second time	7
दुर्गन्ध	m.	odour, bad smell	10
दुर्घटना	f.	accident	10
दुर्भाग्य	m.	bad luck, misfortune	17
दुल्हन	f.	bride	19
दृश्य	m.	scene	9
दृष्टि	f.	glance, view	20
देवरानी	f.	sister-in-law (husband's younger brother's wife)	2
देश	m.	country	5
देसी	adj.	indigenous (generally means 'Indian' or 'South Asian')	3
देसी अंग्रेज़	m.	'Indian Englishman', i.e. Indians who adopted British ways and customs	17
देहात	m.	countryside	2
दो पत्तर अनारां दे		'Two leaves of the pomegranate' – a Panjabi folk song	20
दोबारा	adv.	again, for a second time (दुबारा)	9
दोष	m.	fault	19
दौड़ाना	vt.	to run	13
दौर	m.	age, phase; round	5

दौलत	f.	wealth	11
द्रविड़	adj.	Dravidian	16
द्वेष	m.	hatred	15

ध

धंधा	m.	business, occupation, profession	2
धकेलना	vt.	to push, shove	20
धक्का	m.	push, shove	20
धड़कन	f.	beat (of the heart)	11
धमकी	f.	threat	17
धरती	f.	earth, ground	18
धर्म	m.	religion	14
धार्मिक	adj.	religious	14
धुँधला	adj.	foggy, blurred	15
धुआँ	m.	smoke	17
धूप	f.	sunshine	18
धूम-धाम से	adv.	grandly, with pomp and splendour	14
धूल	f.	dust	2
धोना	vt.	to wash	1
ध्यानपूर्वक	adj.	attentively	17

न

न . . . न	adv.	neither nor	13
न सिर्फ़ . . . बल्कि	phr.	not only . . . but	5
नज़र	f.	sight, vision, glance	18
नज़र आना	vi.	to appear, to be seen	5
नज़रिया	m.	point of view	14
नज़ारा	m.	scene, view	18
नतीजतन	adv.	as a result	12
नदी	f.	river	16
नब्ज़	f.	pulse	12
नमकीन	adj.	salty; charming	18
नल	m.	tap	2
नशा	m.	intoxication	20
नहर	f.	canal	19
नहाना	vi.	to bathe	20
ना करना	vt.	to refuse	4

नाकाम	adj.	useless, not working	18
नागरिक	m.	citizen	12
नाच	m.	dance	20
नाज़ुक	adj.	fragile, delicate	2
नाता	m.	relationship	16
नादीदा	adj.	unseen	19
(का) नाम होना	vi.	to acquire a name for oneself	19
नामोनिशान	m.	trace, lit.: name and sign/mark, i.e. नाम और निशान	14
नायक	m.	hero or protagonist of a film, play, novel, etc.	17
नाराज़	adj.	angry	15
नाश्ता	m.	breakfast	1
नि:संतान	adj.	childless	17
निजी	adj.	private, personal	13
निभाना	vt.	to play (i.e. to play a role)	12
निराश	adj.	hopeless, despairing	10
निर्णय	m.	decision	4
निर्देशक	m.	director	3
निर्माता	m.	producer	12
निर्लज्ज	adj.	shameless	19
निशान	m.	sign, mark	18
नींद	f.	sleep, slumber	10
(की) नींद टूटना	vi.	to awaken, to be disturbed in sleep	10
(की) नींद हराम करना	vt.	to disturb the sleep (of)	10
नीचे करना	vt.	to lower	10
नीर	m.	water, liquid	8
नुक़सान	m.	loss	7
नुक्कड़	f.	corner or end of street	1
नृत्य	m.	dance	7
नृत्याँगना	f.	dancer	7
नौकरी	f.	job, work	2
न्यायसंगत	adj.	just, lawful	15

प

पंक्ति	f.	line	20
पंच-सितारा	adj.	five star	11
पंचाग्नि व्रत	m.	The five-fire ritual: a penance in which one sits in the sun surrounded by four fires	4

पकड़	f.	grasp, reach	13
पकड़ना	vt.	to hold, catch	11
पक्का	adj.	definite, fixed	11
पक्षी	m.	bird	18
पचाना	vt.	to digest	14
पटाखा	m.	firecracker	14
पड़ोस	m.	neighbourhood, next-door house	10
(को) पता लगना	vi.	to get to know	12
पतीली	f.	small cooking pot	19
पत्तल	m.	a leaf-plate	11
पत्ता	m.	leaf	2
पदावली	f.	poetic work	17
पनीर	m.	a type of white, unsalted cheese	1
पनीर टिक्का	m.	cheese cubes, marinated in spices and baked or roasted	1
पर ज़ोर देना	vt.	to lay stress upon	14
परम्परा	f.	tradition	4
परवर	m.	protector, nurturer	20
पराठा	m.	flat round fried pancake made of wheat flour, can be stuffed (e.g. आलू पराठा) or plain	1
(का) परिचय देना	vt.	to make known, to demonstrate (a quality), to acquaint with	4
परीक्षा	f.	exam	5
परेशान	adj.	distressed, troubled	4
परेशानी	f.	trouble, distress	8
पर्दा	m.	curtain, veil	20
पर्यटक	m.	tourist	7
पर्यावरणवादी	m.	environmentalist	14
पल	m.	moment	11
पलटना	vi.	to turn back, to rebound	13
पलना	vi.	to be reared, to be nurtured	14
पल्ला	m.	edge, border esp. of a scarf or sari	20
पश्चिमी	adj.	western	3
पसीना	m.	sweat	7
पहचान	f.	identity, recognition	11
पहनाना	caus.	to have someone wear (something), to put on to (someone)	9
पहनावा	m.	costume, mode of dress	18
पहलू	m.	aspect	3

पहले-पहल	adv.	at first	16
पहाड़	m.	mountain	16
पहुँचाना	caus.	to deliver (to cause to reach)	5
पाँव	m.	foot	10
पागल	m & adj.	crazy	9
पाटा	m.	a Hindu marriage ritual	19
पाठ	m.	prayer	14
पाठक	m.	reader	5
पात्र	m.	character	5
पाना	vt.	to manage	5
पाप	m.	sin	1
पापड़	m.	poppadom	10
पापड़ी	f.	a small crisp cake made of pulse	11
पारंपरिक	adj.	traditional	6
पालन करना	vt.	to adhere to, to obey	7
पालना	vt.	to rear	2
पिघलना	vi.	to thaw, melt	16
पिछड़ा	adj.	deprived, under-developed	13
पिछवाड़े	adv.	at the rear	20
पिज़ा	m.	pizza	11
पितृवत	adj.	paternal	4
पिलाना	vt.	to give (someone) a drink	20
पीटना	vt.	to beat	17
पीढ़ी	f.	generation	2
पीसना	vt.	to grind	19
पुकारना	vt.	to call	15
पुदीना	m.	mint	11
पुनः	adv.	again	4
पुरखा	m.	ancestor	16
पुरुष	m.	man	13
पुरुष प्रधान	adj.	male dominated	13
पुरोहित	m.	priest	4
पुस्तक	f.	book	5
पूजा	f.	worship	14
पूरब	m. & adj.	east	16
पूर्व	m. & adj.	east	18
पूर्वाग्रह	m.	bias, prejudice	15

पूर्वी	adj.	eastern	16
पे	post.	पर (informal usage)	9
पेट	m.	stomach	1
पेड़	m.	tree	19
पेश करना	vt.	to present	18
पेशा	m.	profession	2
पैदा होना	vi.	to be born	9
पैर	m.	foot	13
पोता	m.	grandson (son's son)	2
पोती	f.	granddaughter (son's daughter)	2
पोशाक	f.	dress, costume	18
प्याज़	m.	onion	11
प्रकार	m.	type, manner	15
प्रकाशक	m.	publisher	5
प्रकाशित करना	vt.	to publish	8
प्रकृति	f.	nature	4
प्रचलित	adj.	in use, current	8
प्रचार	m.	spreading, publicity	18
प्रताड़ना	f.	scolding	15
प्रतिक्रिया	f.	reaction	4
प्रतिध्वनि	f.	echo, resonance	15
प्रतिशत	m.	per cent	15
प्रतीक्षा	pn.	*Pratīkṣā* – the name of the Bachchans' family home	14
प्रदूषण	f.	pollution	14
प्रधान	m.	chief, head	13
प्रबल	adj.	strong, intense	17
प्रभाव	m.	influence, impact	17
प्रभावित	adj.	affected	7
प्रमुख	adj.	main, principle	18
(का) प्रयोग करना	vt.	to use	8
(का) प्रयोग होना	vi.	to be used	8
प्रयोजन	m.	purpose	4
प्रवचन	m.	discourse, speech	11
प्रवेश	m.	entrance	5
प्रशिक्षण	m.	training	13
प्रशिक्षित	adj.	trained	13

प्रश्न	m.	question	15
प्रसन्न	adj.	happy, pleased	4
प्रसन्नता	m.	pleasure, contentment	20
प्रसार	m.	spread, diffusion	18
प्रसिद्ध	adj.	famous	12
प्रस्ताव	m.	proposal	4
प्रस्तुति	f.	presentation	7
प्राकृतिक	adj.	natural	7
प्राण	m.	life force	4
प्रारंभ करना	vt.	to begin	17
प्रिय	adj.	dear, beloved; favourite	14
प्रेम	m.	love	3
प्रेरणा	f.	inspiration	6
प्रेरित करना	vt.	to inspire	13
प्रोत्साहन	m.	encouragement	3

फ

फक	adj.	pale	15
फक पड़ना	vi.	to turn pale	15
फ़क़ीर	m.	mystic	18
फ़र्श	m.	floor	10
फ़लाँ	adj.	such and such	11
फ़सल	f.	crop, harvest	2
फ़िक्र	f.	worry, concern	9
फिरना	vi.	to wander	19
फिसलना	vi.	to slip	19
फुचका	m.	alternative name for 'गोलगप्पा' or 'पानी-पूरी'	11
फूँकना	vt.	to burn, to set fire to	17
फूटना	vi.	to burst open, to erupt, to pop	11
फेंकना	vt.	to throw	11
फैलना	vi.	to spread	5
फ़ैल्ट कैप	m.	felt cap	17
फ़ैसला	m.	decision	7
फोड़ना	vt.	to smash	10

ब

बँटना	vi.	to be shared	2
बंजारा	m.	gypsy	16

बंद गोभी	f.	cabbage	11
बंदरगाह	m.	port	18
बंदिश	f.	restriction	14
बंधन	m.	tie, bond	6
बंधना	vi.	to be tied	6
बख़ूबी	adv.	excellently, thoroughly	12
बगड़	f. reg.	enclosure, house	15
बग़ीचा	m.	garden	9
(से) बचना	vi.	to be saved, to avoid	5
बचपन	m.	childhood	15
बचाना	vt.	to save	4
बड़प्पन	m.	greatness	16
बड़बड़ाना	vt.	to mutter, babble	20
बड़ा परदा	m.	big screen (cinema screen)	12
बढ़ना	vi.	to increase; to move forward	5
बढ़ाना	vt.	to extend	9
बढ़िया	adj.	excellent	1
बढ़ोतरी	f.	increase	13
बतौर	adv.	as	12
बत्ती	f.	light	17
बदतर	adj.	worse	10
बदलना	vt.	to change	8
बदलाव	m.	change	15
बनना	vi.	to be made	10
बनिया	m.	merchant, grocer	19
बयान करना	vt.	to describe, to give an account	6
बराबर	adv.	equal; constantly, continuously	2
बरामदा	m.	veranda, porch	9
बर्फ़	f.	ice, snow	16
बर्फ़ीला	adj.	icy, snowy	16
बर्बादी	f.	destruction	2
(के) बल	post.	resting (on)	9
बल्कि	adv.	rather, moreover	5
बस	adv.	just, merely	11
बसना	vi.	to settle	7
बसाना	vt.	to settle	18
बहना	vi.	to flow	20

बहनोई	m.	brother-in-law, i.e. sister's husband	10
बहाना	m.	excuse	9
बहार	f.	spring (season), flourishing, bloom	6
बहू	f.	daughter-in-law	19
बाँधना	vt.	to tie, to bind	5
बाक़ी	adj. & f.	remaining	5
बाजरा	m.	millet	2
बाड़ा	m.	enclosure, pen	19
बातचीत	f.	talking, chit-chat	9
बार-बार	adv.	again and again	10
बारात	f.	groom's wedding procession	4
बारिश	f.	rain	1
बास	f.	odour	19
बाहर	adv.	abroad	8
बाहुल्य	m.	abundance	15
बिखरना	vi.	to be scattered	10
बिखराना	vt.	to scatter	10
बिखेरना	vt.	to scatter	14
बिगड़ना	vi.	to be ruined	15
बिछना	vi.	to be spread	18
बिजली	f.	light, electricity	10
बिदा होना	vi.	to depart	19
बिन ब्याहा	adj.	unmarried	2
(के) बिना	post.	without	9
बुझाना	vt.	to put out, to extinguish	4
बुरा मानना	vt.	to take offence	19
(को) बुरा लगना	vi.	to take offence	19
बू	f.	smell	20
बे	interj.	you wretch!	10
बेगार	f.	unpaid labour	15
बेचना	vt.	to sell	19
बेचैन	adj.	restless	1
बेझिझक	adv.	without hesitation	12
बेनहर	pn.	*Ben Hur* (a classic American film)	17
बेशक	adv.	without doubt	12
बेशरम	adj.	shameless	19
बेहतर	adj.	better	7

बेहतरीन	adj.	best	12
बेहद	adj.	extreme, extremely	1
बेहोश	adj.	unconscious	4
बैठक	f.	meeting; sitting room	11
बैठना	vi.	to sit, to get into (a vehicle)	17
बैनर	m.	banner	12
बैल	m.	ox	19
बोझ	m.	weight, burden	19
बोझिल	adj.	heavy	15
बोल	m.	word, lyric	19
बोलचाल	f.	talk, speech	8
ब्याहना	vt.	to marry (to arrange the marriage)	13
ब्यौरा	m.	details, statement	6
ब्रह्मराक्षस	m.	the ghost of a Brahmin, a demon	17

भ

भंगी	m.	sweeper caste	15
भगाना	vt.	to chase away	10
भटकना	vi.	to wander	18
भड़भड़ाना	vi.	to crash, to rage	10
भर	adv.	whole, e.g. दिन भर 'the whole day'	2
भर पेट खाना	vt.	to eat one's fill	10
भरना	vt.	to fill	1
भरपूर	adv.	quite full, filled up, to the limit	11
भला	m.	good	2
भला	interj.	well	2
भलाई	f.	goodness, kindness	19
भले ही	adv.	even if	14
भल्ला	m.	deep fried ball made of skinned black gram lentil or *uṛad dāl*	11
भविष्य	m.	future	2
भविष्यवेत्ता	m.	foreteller of the future	4
भाग	m.	part	5
भाग लेना	vt.	to take part	17
भाग्य	m.	fate, luck	17
भाग्यवान	adj.	lucky	19
भारी	adj.	heavy	2
भाव	m.	sentiment	5

भिजवाना	caus.	to get (something) sent	9
भिन्न	adj.	different	4
भीगना	vi.	to get drenched	1
भीतर से	adv.	on the inside	17
भुलाना	vt.	to forget	17
भूकंप	m.	earthquake	18
भूखा	adj.	hungry	10
भूमिका	f.	role	6
भूलना	vt.	to forget	7
भेंट करना	vt.	to meet	17
भैंस	f.	buffalo	2
भोजन	m.	food, meal	10
भौंह	f.	eyebrow	8
(की) भौंहें तनना	vi.	the brows to be knitted (in anger or irritation), to frown	8
भौगोलिक	adj.	geographical	18
भौगोलिक रूप से	adv.	geographically	18
भौजी	f.	brother's wife; respectful term for a sister figure	19
भ्रमण	m.	tour	15
भ्रातृवत	adj.	fraternal	4

म

मंगनी	f.	engagement	9
मंच	m.	stage, platform	6
मंज़िल	f.	destination	11
मंत्रालय	m.	ministry	8
मक़सद	m.	reason, cause	6
मक्खी	f.	housefly	15
मचना	vi.	to be stirred up, to break out	4
मच्छरदानी	f.	mosquito-net	10
मज़दूरी	f.	labour	15
मज़बूत	adj.	strong, firm	12
मजबूर होना	vi.	to be compelled, to be helpless	16
मज़ा	m.	fun, enjoyment	1
(को) मज़ा आना	vi.	to have fun, to enjoy	1
मज़े करना	vt.	to enjoy	1
मण्डप	m.	a temporary construction, often four columns and a roof, under which rituals such as a wedding ceremony are performed	4

मत	m.	opinion, view	8
मदद	f.	help	5
मदरसा	m.	school; Muslim school	17
मन	m.	mind	1
(का) मन करना	vt.	to want (to), to feel like	5
मन बनाना	vt.	to make up one's mind, to decide	14
मनाना	vt.	to persuade; to celebrate	4/14
मनोरंजक	adj.	entertaining	5
मरज़ी / मर्ज़ी	f.	choice, desire	9
मरना	vi.	to die	10
मर्द	m.	man	2
मशहूर	adj.	famous	5
मसला	m.	problem	13
महक	f.	fragrance	20
महल	m.	palace	18
महसूस करना	vt.	to feel	3
महिला	f.	woman, lady	13
महिला उद्यमी	f.	female entrepreneur	13
माँग	f.	demand	10
माँगना	vt.	to ask for	14
माँगलिक	adj.	auspicious	4
मातृवत	m.	maternal	4
माथा	m.	forehead	19
माध्यम	m.	medium, means	6
मानना	m.	belief	2
मानना	vt.	to accept	3
माननेवाला	m.	believer	15
मानवीय	adj.	human	15
मानसिकता	f.	mentality, psyche	15
मानो	conj.	as if	13
मामला	m.	matter	5
मामूली	adj.	meagre, average, ordinary	2
मार खाना	vt.	to take a beating	5
मारना	vt.	to kill, to beat	10
माला	f.	rosary	20
(को) मालूम पड़ना	vt.	to seem	5
माहौल	m.	atmosphere	15

मिट्टी	f.	soil, dirt, earth	14
मिट्टी का दीया	m.	earthen wear oil lamp	14
मिठाई	f.	sweet	14
मिर्ची	f.	pepper	19
(से) मिलना जुलना	vi.	to meet; to match, to be similar	6
मिश्रण	m.	mixture, combination	3
मिश्रित	adj.	mixed	8
मिसाल	m.	example	6
मिसाल के तौर पर	adv.	for example	6
मिस्र	m.	Egypt	16
मीठा	adj.	sweet	11
मुँडाना	vt.	to get shaved	12
(के) मुँह लगना	vi.	to exchange words (with), to argue	19
(का) मुक़ाबला करना	vt.	to challenge	13
मुट्ठी	f.	fist	19
मुद्दा	m.	issue, topic	12
मुनाफ़ा	m.	profit	6
मुफ़्त	adj.	free of cost	1
मुर्द-घाट	m.	*ghāṭ* where bodies are burnt, crematorium	17
मुलाक़ात	f.	meeting; interview	1
मुल्क	m.	country	16
मुसलमान	m.	Muslim	15
मुसाफ़िर	m.	traveller, passenger	17
मुस्कराहट	f.	smile	20
मुहूर्त	m.	an auspicious moment	19
(का) मुहूर्त करना	vt.	to start (a task) at an auspicious moment	19
मूँग-दाल	f.	moong lentils	11
मूल	m. & adj.	origin, original	7
मूली	f.	a type of white radish	11
मृत	adj.	dead	4
मृत्यु	f.	death	10
मेमना	m.	lamb	11
मेरी कसम	phr.	I swear	19
मेहनत	f.	hard work, toil	3
मेहमान	m.	guest	9
मैदान	m.	field	16
मैला	adj.	dirty, soiled	19

मोती	f.	pearl, bead	20
मोहल्ला	m.	neighbourhood	15
मौक़ा	m.	opportunity, occasion	3
मौजूद होना	vi.	to be present	5
मौसमी	adj.	seasonal	11

य

यदि	conj.	if	4
यक़ीन	m.	certainty, confidence	13
या तो . . . या	conj.	either . . . or	13
यात्रा	f.	journey	15
याद	f.	memory	14
याद दिलाना	vt.	to remind	14
याद रखना	vt.	to bear in mind, to not forget	5
(को) याद होना	vi.	to remember	14
यादगारी	f.	memorable	5
यार	m.	friend (slightly informal)	1
युवक	m.	young man	6
युवती	f.	young woman	6
युवा	inv. & m.	youth	13
यू० पी० एस० सी०	abbv.	U.P.S.C. (Union Public Service Commission)	11
यूँ ही	adv.	just like that, casually	11
यूपी	abbv.	U.P. (Uttar Pradesh)	13
यों तो	adv.	in the first place; generally speaking; in this case	5
योग्य	adj.	suitable	4
(के) योग्य	adj.	worthy (of), suitable (for)	8
योजना	f.	plan	5

र

रंक	m.	pauper	11
रंग	m.	colour	14
रंग-बिरंगा	adj.	multicoloured	18
रक़म	f.	amount	13
रचना	f.	creation, composition	17
रण	m.	'Rann', meaning 'desert', refers to the Rann of Kutch, a seasonal salt marsh located in the Thar Desert	18

रमना	vi.	to be attracted to, to be engrossed in	7
रसोई	f.	kitchen	13
रहन सहन	m.	lifestyle, way of living	6
राज़	m.	secret	11
राज करना	vt.	to rule	11
राजकुमारी	f.	princess	4
राजभाषा	f.	official language	8
राज्य	m.	state	7
रात-बे-रात	adv.	night or day	15
राय	f.	opinion, judgement, advice	4
रायबहादुर	m.	a title bestowed upon senior Indian citizens by the British Raj	17
राह	f.	path, way	13
राहत	f.	relief, comfort	2
रिश्ता	m.	relationship	6
रिश्ता भेजना	vt.	to send a proposal for marriage	4
रिश्तेदार	m.	family member, relative	14
री	interj.	oh, hey! – used when addressing females	13
रीति-रिवाज	m.	customs and practices	7
रुकना	vi.	to stop	19
रुकावट	f.	obstacle, interruption	20
रूप	m.	form	2
रू-ब-रू	adv.	face-to-face	18
रूमानी	adj.	romantic, sentimental	9
रे	interj.	oh, hey! – used when addressing males	10
रेगिस्तान	m.	desert	18
रेत	f.	sand	18
रोकना	vt.	to stop	11
रोज़गार	m.	employment	13
रोज़मर्रा	adv. & m.	daily; the daily round	8
रोब	m.	dignity, prestige	20
रोबदाब	m.	commanding presence, prestige	17
रोमांच	m.	thrill	12
रोमांचित	adj.	thrilled, excited	7
रोशनी	f.	light	10
रौ	m.	stream, vein	20

ल

लक्ष्मी	pn.	Lakshmī, the goddess of wealth	14
लक्ष्य	m.	goal	12
लगन	f.	dedication	5
लगन	m.	marriage, wedding	19
लगातार	adv.	continuously	20
लघु	adj.	short, small	10
लटकाना	vt.	to hang	20
लड़खड़ाना	vi.	to stumble, to shake, to sway	20
लड़ना	vi. & vt.	to fight	3
लड़ाई	f.	fight, quarrel	2
लपलपाना	vi.	to brandish, to flicker back and forth	11
लमहा	m.	moment	18
लहजा	m.	intonation, accent	20
लार्ड इरविन	m.	Lord Irwin (Viceroy of India from 1926 to 1931)	17
लिपि	f.	script	8
लेख	m.	written item, article, essay	10
लेखक	m.	writer	5
लॉन	m.	lawn	14
लोकप्रिय	adj.	popular	6
लोकप्रियता	f.	popularity	12
लौटना	vi.	to return	1

व

व	conj.	and	5
वंचित	adj.	deprived	15
वग़ैरह	adv.	etcetera	13
वज़न	m.	weight	12
वजह	f.	reason	12
वर	m.	bridegroom; boon, blessing	4
वरना	conj.	else, otherwise	9
वर-वधु	m.	bride and groom	4
वर्ग	m.	class, social group	6
वर्ण व्यवस्था	f.	caste system	15
वर्ष	m.	year	17
वर्षा	f.	rain	17
वाक़ई	adv.	really, truly	12

वातावरण	m.	atmosphere, environment	15
वार्तालाप	m.	conversation	20
वास्तव में	adj.	in reality	4
वाह	interj.	wow, splendid; goodness	1
वाहवाही करना	vt.	to cheer	9
विकास	m.	development	8
विदेशी	adj.	foreign	6
विद्यालय	m.	school	11
विद्वान	adj.	learned	4
विधवा	f.	widow	20
विधवाश्रम	m.	a home for widows	17
विधाता	m.	The Creator	4
विधि	f.	rite, ceremony	4
विभाग	m.	department	8
विभिन्न	adj.	different, various	5
विरासत	m.	heritage	11
विरोध	m.	opposition, resistance	13
विलाप करना	vt.	to lament	4
विवादास्पद	adj.	controversial	12
विवाह	m.	marriage	4
विवाह सूत्र	m.	marriage bond	6
विवाहयोग्य	adj.	marriageable	4
विशेष रूप से	adv.	especially	7
विशेषज्ञ	m.	specialist, expert	11
विश्लेषण	m.	analysis	6
विश्वास	m.	confidence, faith	13
विषय	m.	subject	12
विस्तार	m.	expansion	18
विस्तार करना	vt.	to expand	18
विस्तार से	adv.	broadly, in detail	6
वीरानी	f.	desolation	18
वैज्ञानिक	m.	scientist	11
वैवाहिक	adj.	matrimonial	6
वैसे भी	adv.	in any case	14
व्यंजन	m.	food, relish	11
व्यक्ति	m.	person	6
व्यक्तित्व	m.	personality	3

व्यर्थ	adj.	useless, vain	11
व्यवहार	m.	practice, usage	8
व्यस्त	adj.	busy	9
व्यस्तता	f.	state of being busy, preoccupation	2
व्याकरण	m.	grammar	17
व्यापक	adj.	extensive, broad, vast	8
व्यापार	m.	trade, business	16
व्यावहारिक	adj.	practical	8

श

शक्ति	f.	strength, power	15
शब्द	m.	word	15
शब्दकोश	m.	dictionary	8
शब्दावली	f.	vocabulary	8
शरण	f.	refuge	8
शरत बाबू	pn.	Sharat Chandra Chattopadhyay	17
शरमाना	vi.	to be embarrassed, to feel ashamed	11
शराब	f.	alcohol	20
शरीफ़	adj.	noble	16
शरीर	m.	body	4
शर्म	f.	shame	11
शर्माना	vi.	to be shy	20
शव	m.	corpse	4
शांत होना	vi.	to be pacified	10
शान	f.	pomp, grandeur	17
शान्ति	f.	peace	1
शामिल	adj.	included	5
शामिल करना	vt.	to include	5
शामिल होना	vi.	to be included	13
शायद	adv.	perhaps	1
शास्त्रीय	adj.	classical	7
शिक्षा	f.	education	7
शिखर	m.	peak	20
शीर्षक	m.	title	10
शुद्ध	adj.	pure, proper	5
शुभकामना	f.	good wish	4
शुरुआत	f.	beginning	2

शेख़ीबाज़	m.	someone who boasts, a show-off	16
शेष	adj. & m.	remaining	4
शैली	f.	style	18
शो	m.	'show', performance	3
शोक	m.	sorrow	4
शौक़ीन	m.	enthusiast	5
श्रीमती	f.	Mrs, wife	20
श्रेष्ठ	adj.	best	5

स

संकट	m.	difficulty, danger	8
संकोच	m.	hesitation	17
संख्या	f.	number	7
संगठन	m.	organisation	12
संगत	f.	companionship, company	12
संगम	m.	joining, meeting	14
संगीत	m.	music	3
संग्रहालय	m.	museum	18
संघर्ष	m.	struggle	2
संत	m.	saint	18
संतान	f.	progeny, offspring	16
संतुष्ट	adj.	satisfied	4
संदेश	m.	message	14
संदेह	m.	doubt	7
संपर्क	m.	contact	6
संपादक	m.	editor	5
संपूर्ण	adj.	complete, full	11
संबंध	m.	relationship	12
संबोधन	m.	form of address	15
संभलना	vi.	to be attentive, to take care	19
संभालना	vt.	to take care of	13
संभ्रांत	adj.	respected, well-to-do	15
संयम	m.	restraint, abstinence	11
संवाद	m.	dialogue	9
संवाददाता	m.	correspondent	3
संवारना	vt.	to adjust	9
संविधान	m.	constitution	8

संवेदनशील	adj.	sensitive	12
संसार	m.	world	11
संस्कृतनिष्ठ	adj.	Sanskritic	8
संस्कृति	f.	culture	3
सकुचाना	vi.	to be shy, to hesitate	20
सख़्त	adj.	hard	2
सचमुच	adv.	really, truly	14
सचेत	adj.	aware, alert	10
सच्चा	adj.	true	19
सच्चाई	f.	truth	12
सजाना	vt.	to decorate	14
सजावट	f.	decoration	20
सज्जन	m.	gentleman	17
सटीक	adj.	correct, appropriate	5
सड़ना	vi.	to decay, to rot	10
सदस्य	m.	member	10
सदा	adv.	always	17
सन्	m./f.	'the year'	7
सन्नाटा	m.	silence	15
सपना	m.	dream	13
सफ़र	m.	journey	1
सफलता	f.	success	20
सभ्यता	f.	politeness, civilisation	18
समंदर	m.	sea	18
समझाना	vt.	to explain	5
समर्थक	m.	supporter	8
समस्या	f.	problem	5
समाचार-पत्र	m.	newspaper	8
समाज	m.	society	6
समाज सुधार	m.	social reform	6
समाजवाद	m.	socialism	11
समानता	f.	equality	11
समाप्त होना	vi.	to end, to finish	19
समीक्षा	f.	review	5
सम्पन्नता	f.	wealth	15
सम्बन्ध	m.	connection, relationship	4
सम्भव	adj.	possible	20

सम्मान	m.	respect	13
सरकारी	adj.	official, governmental	6
सरपट	adv.	at a gallop	13
सरम (शरम)	f. reg.	shame	19
सरल	adj.	simple	5
सलाह	f.	advice	13
सवर्ण	m.	upper caste member	15
ससुराल	m.	in-laws' house	13
सहज	adj.	easy, natural	5
सहजता	f.	simplicity, ease	15
सहयोग	m.	co-operation	3
सहसा	adv.	suddenly	20
सहायता	f.	assistance	17
सहारा	m.	support	2
सहित	post.	के साथ, with	5
सही	adv.	all right, let it be so (used predicatively)	1
सही	adj.	correct	5
साकार होना	vi.	to take form, to become true	17
साथी	m.	partner, companion	6
सादा	adj.	plain	19
साधना	f.	practice	7
साफ़-सुथरा	adj.	clean and spotless	7
साबित करना	vt.	to prove	12
(का) सामना करना	vt.	to face	5
सामने	adv.	before, in front	12
सामने आना	vi.	to appear (i.e. to appear before someone)	12
सामाजिक	adj.	social	5
सामाजिक कार्यकर्ता	m.	social activist	12
सामान्य	adj.	ordinary	10
सार्वजनिक यातायात	m.	public transport	13
साल दर साल	adv.	year on year	2
सास	f.	mother-in-law	19
साहित्यिक	adj.	literary	8
सिकुड़ना	vi.	to shrink, to contract, to recoil	20
सिखाना	vt.	to teach	13
सितारा	m.	star	14
सिमटना	vi.	to recoil	20

सिर	m.	head	10
(के) सिर पर चढ़ना	vi.	to impose oneself (on), to harass	10
सिरहाना	m.	pillow	10
सिलसिला	m.	matter, affair	3
सिलाई	f.	sewing, needlework	13
सींचना	vt.	to irrigate	2
सीखना	vt.	to learn	12
सीटी	f.	whistle	17
सीधा	adj.	straight, direct	6
सीधी टक्कर देना	vt.	to take on directly	6
सीमा	f.	border	15
सुखद	adj.	pleasant	15
सुगंध	f.	fragrance	11
सुझाव	m.	suggestion	8
(को) सुनाई देना	vi.	to be heard	9
सुनाना	vt.	to recite, to recount	5
सुरक्षित	adj.	safe, secure	13
सुविधा	f.	facility, convenience	1
सुहाग रात	f.	wedding night	19
सूँघना	vt.	to smell, to sniff	10
सूखा	adj. & m.	dry	2
सूचित करना	vt.	to inform	8
सूची	f.	list	8
सूजी	f.	semolina	11
सूत	m.	thread, yarn	18
सूरज	m.	sun	18
सूरत	f.	appearance, face	19
से परे	post.	beyond	18
से लेकर	post.	from	7
सेंटी	sl.	sentimental	9
सेवा	f.	service	6
सैकड़ों	adv.	hundreds	6
सैलानी	m.	tourist, sightseer	18
सोंठ	f.	dry ginger	11
सोच	m.	thought	5
सोना	m.	gold	19
सौंदर्य	adj.	beauty	7

सौदा	m.	deal	2
स्तर	m.	level	8
स्त्री	f.	woman, lady, wife	15
स्थल	m.	site, place	18
स्थान	m.	place	4
स्थापित	adj.	established	4
स्थित	adj.	situated	6
स्रोत	m.	source	2
स्व.	abbv.	'the late', 'deceased', abbreviation of स्वर्गीय	7
स्वप्न	m.	dream	17
स्वयं	pro. & adv.	oneself	17
स्वरूप	m.	form	6
स्वर्ग	m.	heaven	11
स्वागत	m.	welcome	8
स्वाद	m.	taste	11
स्वादिष्ट	adj.	tasty	15
स्वाभाविक	adj.	natural	17
स्वीकार करना	vt.	to accept	15
स्वीकृति	f.	acceptance, approval	7

ह

हँसना	vi.	to laugh	9
हँसी-खेल	m.	lit.: laughter and play, i.e. a laughing matter, a simple matter	5
हक़	m.	right	10
हक़ीक़त	f.	reality	7
हटना	vi.	to move	14
हटाना	vt.	to remove, to move	10
हड़बड़ाना	vi.	to be confused	20
हमउम्र	adj.	of the same age	6
हरा	adj.	green	17
हरा-भरा	adj.	lush, thriving	18
हरेक	adj.	each	16
हर्षित	adj.	joyful	4
हलका	adj.	light	19
हलचल	f.	commotion	10
हवन-कुण्ड	m.	a vessel or receptacle in which the holy fire is lit	4

हवा	f.	wind, air	18
हाथ जोड़ना	vt.	to fold the hands (as in the gesture of a prayer or saying *namaste*)	20
हाथ मिलाना	vt.	to shake hands	20
हाय हाय	interj.	alas	19
हार	m.	garland	19
हार	f.	defeat	3
हारना	vt.	to lose, to be defeated	13
हाल में	adv.	recently	8
हाल ही में	adv.	recently	6
हालात	m.pl.	conditions, circumstances	5
हासिल करना	vt.	to obtain	2
हास्य	m.	humour	14
हास्य कलाकार	m.	comedian	14
हाहाकार	m.	outcry	4
हिंदुत्व	m.	Hindu identity; Hindu qualities	15
हिदायत	f.	instruction, direction	20
हिम्मत	f.	courage	13
हिम्मत करना	vt.	to muster courage	12
हिरन होना	vi.	to vanish	20
हिलाना	vt.	to shake	20
हिस्सा	m.	portion, section	2
हुक्म	m.	order	20
हुनर	m.	skill	13
हृदय	m.	heart	17
हैरानी	f.	surprise	7
(से) होकर	post.	via	15
होली	f.	Holi – the festival of colours	14
हौसला	m.	courage	3

Index